麗華存閱：

戴麗峰贈

2000.5.12.

文學叢刊之五十六

戴麗珠的散文作品

戴麗珠著

文史哲出版社印行

國立中央圖書館出版品預行編目資料

戴麗珠的散文作品 / 戴麗珠著. -- 初版. -- 臺
北市 : 文史哲, 民85
面; 公分. -- (文學叢刊 ; 56)
ISBN 957-547-985-8(平裝)

855　　　　84013757

文學叢刊 56

戴麗珠的散文作品

著者：戴麗珠
出版者：文史哲出版社
登記證字號：行政院新聞局局版臺業字五三三七號
發行人：彭正雄
發行所：文史哲出版社
印刷者：文史哲出版社
台北市羅斯福路一段七十二巷四號
郵撥○五一二八八一二彭正雄帳戶
電話：三五一一○二八

實價新台幣二六○元

中華民國八十五年一月初版

ISBN 957-547-985-8

戴麗珠的散文作品 目次

遊湖……一
一地斑爛的花朵……三
美與人生……五
親情友情……七
看山去……九
隨想……一一
即興……一四
仲冬點滴……一六
晚秋三帖……一八
初秋有感……二一
初秋所見……二三
生活的趣味……二五
少女情懷總是詩……二七

夏威夷之旅……二九
深圳三疊……三四
春假三帖……三七
新春三帖……四〇
晚冬雙帖……四三
緣……四六
追憶臺靜農老師……四八
懷念臺靜農老師……五一
林昌德水墨畫展……五三
日本遊……五五
仲夏二帖……五七
春雨初晴……六〇
暮春二三……六二
仲春三帖……六四
早起所見……六六
歲暮有感……六九
晚冬三帖……七一

自然之美三帖……七四
晚秋遐思三疊……七七
暮秋三疊……七九
彩虹的午後——爲芬妹作……八二
盛夏之憶……八四
週末休閒三章……八七
閒居三疊……九〇
也看老井……九三
夏日組曲……九六
春曲四疊……九八
迎新年……一〇二
雅言三章……一〇五
讀書隨筆……一〇九
春語二三……一一一
生命之美……一一四
老女人……一一六
讀張大千畫……一二一

做個快樂的工作人……一二三
閒·情……一二五
五月……一二九
珍惜……一三一
學車記……一三三
其樂也融融……一三六
山之味……一三八
幸福……一四〇
中年的情……一四四
中國文人和酒……一四七
冬意……一五一
愛——百合……一五四
浮生半日兩帖……一五七
深秋……一六〇
文學與生活……一六三
暮秋四疊……一六六
盛夏有感……一七〇

思無邪……一七四
心靈之美……一七八
生活所見……一八二
新年隨筆……一八五
隨筆偶思……一八八
初冬三疊……一九〇
閑情偶思……一九三
東瀛所見……一九六
人倫之美……二〇〇
經師・人師……二〇二
家……二〇六
閒情兩章……二〇八
美與醜二疊……二一一
六月曲……二一四
有情世界……二一七
你儂我儂的男主角……二一九
蘭陽之旅……二二三

藝術與人生……二二五
初冬偶思……二二七
這個暑假……二二九
仲夏隨想……二三三
夏之絮語……二三六
傷情兩帖……二四〇
寂靜之美……二四五
端午節四帖……二四九
生活之美……二五三
美麗的萬年青……二五六
夏日小語……二五九
吃蟹外二章……二六三
暮春三章……二六七
生活偶拾……二七一
牡丹富貴……二七六
繪畫——民族的縮影……二七九
貓……二八二

遊湖

春節與家人遊日月潭，住在哲園名流會館，兩夜三天的旅程，確實紓解俗務纏身的塵囂，日月潭山明水秀，玄奘寺鐘聲裊裊，我獨自一人坐在車內，靜聽鐘聲，一切的不愉與爭執都消散了，人與人的相處是奇妙的，即使是自己家人都不能了解你，但是聽著裊裊鐘聲，心自然寧靜，人如佛心慈悲，世間親情，有什麼不能諒解的。

下車遊玄奘寺，參觀至三樓，驚見先恩師李漁叔先生所撰對聯：「辯才噤萬口無聲靈爽歸來域外寒潭迎聖骨，禪唱徧四六皆應慈暉永駐濤頭孤艇接圓音。」臺灣在當年老師的心裡是神州大陸的域外，他想家的心情有其他的詩篇可以見出，老師辭世已經二十餘年，他的遺孤也長大嫁人了，社會也開放改變了，讀著對聯想著先師當年的慈愛與栽培，心是寧馨的，想先師在天之靈亦會保佑我們每個人的。

到碼頭搭遊艇遊湖，一下子濃霧籠罩全潭，四面白茫茫，遊艇開至光華島暫停，再回航至魚世界餵魚，霧漸漸散開，山景綠樹與白霧，恍如神仙境界，西湖沒有去過，但是船行湖面，看四面山景，心神暢朗，遊湖的心情，想必也是一樣的。

日月潭並不是第一次來，二十多年前，當大學社團團長受訓，救國團曾帶我們一群青年到此過夜，那時的德化社，只是一條小小的街弄，兩旁商店林立，與今天的大店鋪不可同日而語，還記得晨起波光粼粼，由山上走下湖邊，獨自乘坐獨木舟，船夫是個老漢，我靜靜地坐在舟上，遺世而獨立。

今天的日月潭，已經開發得很好，哲園的設備幽雅寧靜，由窗外看湖光山色，日夜變幻是不同的。白天湖面上有水鳥飛來飛去，遊艇、舢板船靜靜停在湖面，寧靜是日月潭獻給遊人，最好的禮物。晚上一片漆黑，對岸燈火點點，夜遊德化社，夜景是美麗的，心情也是愉悅的。

斌弟的愛心與孝心長駐心頭，這是新年最好的禮物。讓我們彼此的愛心與自然山水同在，永遠美麗。

一地斑斕的花朵

臺中經國大道的花圃非常美麗可愛，長滿一地斑斕的花朵，有紅白相間的小花、有紫的、黃色的雛菊、紅紅的爬地錦，迎風飄搖，令人心喜，一切的委屈都消散了。

我很愛花卉，早年臺靜農老師還在世的時候，曾經為我描述一段江南花團錦簇的梅花與桃花盛開的美景，他說一片花海爛漫華貴，一開就幾里，令他難忘，我聽了也永遠記得。

雖然我不曾到過江南賞花，但是，在日本的御所（在京都），我也曾看過一大片、一大片櫻花盛開的景色，那也是令人喜悅和心悸的，當時真是流連忘返，還拍了許多相片存證。

在晚冬時節，經國大道近公益路口的一段路旁，落紅滿地，樹上是盛開的花朵，地上是一片斑斕的落紅，厚厚的、軟軟的，令人心憐，我故意避開，不敢踩上去，卻想起林黛玉葬花的心情。

花實在是美的，不管是華貴的牡丹、多情的玫瑰、清雅的百合、一夜皇后的曇花、可愛的茉莉、神秘的桂花、或是不出名的小白花、小黃花、牽牛花，都能點綴大地，給人喜悅。

人家牆頭爬出來的紫白花，一片片、一朵朵，好像在告訴你，春來了，雖然是雨季，撐著傘在雨中漫步，看著一地斑斕的花朵，心靈是平靜而柔美的，花兒令人憐，而人兒也令人愛，當該敞開心靈愛人愛物，儒家不是說民胞物與嗎？

自然真的可以開啓我們的心胸，所以莊子也說天地與我合一，人與自然同在，天是那麼開闊，大地是那麼無垠，人類怎麼能不相親相愛、合作無間？

看著一地斑斕的花朵，好像從前與哥哥在金山海邊看海景，哥哥指著海對我說：「退一步則海闊天空」想著哥哥的話，受一點委屈又算什麼，我的心是舒坦開闊的。

美與人生

美有自然美和藝術美，以美女來說，天生麗質，不施脂粉，卻有一份動人的姿韻，這是自然的美，大概年輕的女性，都擁有。結婚以後要保有一份自然的風韻，受著歲月的琢磨，於是需要精心細緻地打扮自己，那就是藝術美。

不管是自然美或藝術美，交織著是女人的一生。

愛美是人的天性，不止女人，男人也愛美，我的理髮師就天天把自己打扮得光光鮮鮮的，每回我上美容院，看到他就覺得眼睛為之一亮，他工作快樂，客人心情也愉悅。

人生有許多美麗的工作，像繪畫、雕刻、設計手工藝、設計服裝、美容美髮等，這些從事創作或服務性的美麗工作，工作的心靈必定是美麗的。

有一種工作，看起來好像與美無關，其實更重要，那就是教育。

教育工作者都需要有一種美麗的心靈，不管是學齡前兒童、國小、國中、高中、五專、大學，從襁褓到成人，這些孩子都需要教育者的愛與關懷，愛心和耐心地去教導他們；孔子說有教無類；教育者的心是多麼美，包容力又是多麼開闊，所以說，教育是一份美的工作。

人生是漫長、曲折、變化多端的，因而人人更需要擁有美麗的心靈，這顆心是善良的、純真的、美的，遇到挫折、遇到禍害，自能逢凶化吉，水到渠成，化黑暗為光明。

老莊說自然，孔子談尚善，西洋文化重視求真，這些都是美，美也能傾注人生向上、開朗的力量。

有一顆美麗的心是人生很重要的修養，心靈可以被污染，但心靈也可以永保純清，這是為什麼人人需要受教育的一項目標，美麗的心是天生的，也需要後天的培養，我們希望人人擁有一顆美麗的心，社會自然能祥和溫暖。

親情友情

冬天是深冷的，花木都罩著一層寒霜，而晨起的微曦，給人溫暖的感覺；社會是現實的，而親情和友情卻令人倍覺溫馨。

姪女良夙結婚，她的兄弟姊妹都由各地回來，我們這些姑姑叔叔，也幫襯著，湊熱鬧，婚禮中大家傾心地張羅著，一種親情洋溢，使婚禮更加圓滿。

爸爸媽媽去花東旅行，妹妹也遠去南臺灣，家裡只剩下我和小弟，而在人人熱鬧團聚的耶誕夜，小弟卻感冒了，我急著打電話給住在外面的大弟，他立刻拿藥、買小弟愛吃的水果來，這種親情令我感動。

親情是上天賜給人們無上的恩寵，父慈、子孝、兄友、弟恭，然而，沒有親身體會，感覺不出它的溫煦和力量。

友情也是人間的一種慰貼，良夙遊學日本五年，結婚日，她的日本保證人夫婦帶著七十多歲的老媽媽趕來參加喜宴，從家裏嫁出去，到希爾頓大飯店，一直陪到曲終人散，這種友情的關懷，不是任何物質可以比得上的。

朋友的關懷是人世中的甘露，它為人生增添完美與溫暖，真正的朋友不只是在喜樂的時候，祝福你；也在孤寂時，給你慰藉，在你需要時，給你援手，那不只是一張卡片、一通電話、一種陪伴，而是一種心與心的傾注，親情感動我們，給我們力量、給我們溫暖；友情美化我們的人生。

在這嚴寒的冬夜，我深刻地體會親情的溫暖與友情的美，帶著溫馨入夢，朋友，你說這豈不是人間幸福嗎？

看山去

車離喧囂的城市，經過鄉村，路過田野，臺灣中部的鄉野，芭蕉園蓊鬱一片，大大的蕉葉，古人拿來寫詩填詞入畫，令人看了賞心悅目，柳丁園一粒粒的柳丁綠綠黃黃地，錯落滿園，引人垂涎；冬陽暖暖地，天地一片渾厚，不冷也不熱，我們一路就越過鄉鎮，越過原野，奔向重山峻嶺。

山迴路轉，山谷那樣深，山巔那麼高，車靜靜地隨著山路爬行，叢林擦身而立，綠竹也迎面而來，偶爾有蟲聲鳥鳴，身在群山環抱中，心靈格外寧靜。

樟湖遊樂區到了，拜山的人群不少，山野那麼遼闊，人就顯得渺小，有人釣魚、有人烤肉，有人坐在大石頭上休息，山山水水，水水山山，山依然那麼沉穩，溪澗從高處流下，形成白練，流過岩石，幾千年、幾萬年地流著。

有野鳥劃過山谷，野花開在山旁，紅色的吊橋點綴在碧綠的山野中，天是那麼高，山是那麼巍峨，人在群山中，看山、看水、看自然，才令人了悟天地與我為一的趣味。

看山去，是一種野趣，是一種調劑，山水是靈泉，到那裏，自有活水滾滾來，你不也就生意盎然起來。

回程，路過茶園，山與山之間，茶樹遍野，採茶的婦女忙碌著，品茗的趣味不由得浮出腦海，綠綠的茶葉，編織著多少茶農的血汗？

朋友，偷閒你不妨看山去。

隨想

生命是神奇而可貴的，嬰兒由襁褓開始受到父母細心的呵護和照顧，一日日、一月月、一年年的長大，充滿蓬勃的生命力，古人説身體髮膚受之父母，不敢毀傷，表現對生命的尊重與愛戴；兒女是父母的再生與希望，所有父母對自己的子女，都充滿愛與期待，期望他們的兒女都會過得比自己更美好。生命就在這樣的持續與輪迴中成熟。

如果每個人都了悟生命自然勃勃的原動力，珍惜它、寶愛它，人生的缺陷或損傷，或許將少一些。記得哥哥曾經告訴我，一個斷臂的人，他自暴自棄地過一生，或者奮發努力的過一生，端看自我對生命的體悟與尊重與否。

人生沒有十全十美的，每個人或多或少地要受到一些挫折或折磨，在受苦的時候想開一些，「行到水窮處，坐看雲起時」，豁達些，「海闊憑魚躍，晴空任鳥飛」；開朗、自在，那麼黑夜或即是黎明的前兆。

記得大學時，有一位高中的要好同學，因為情感的糾纏，想不開，一心只想自殺，我一直鼓勵她，開脫她，後來由於環境的變化，她交到新的男朋友，也就是她現在的先生，她如今，過著幸福美滿的生活，當日的愁苦，或許早已不再存於她的心中。

時間是更迭的，生命也隨著時間的更迭展現它豐富的層面，如果我們懂得珍惜生命，那麼國中生就不會相互毆鬥，高中女生也不會厭世自殺，大學生更不會由於感情或其他的壓力跳樓輕生。

我們都有白髮雙親，我們都要為人父母，我們都能看到小嬰兒一點一丁地長大，生命生生不息的泉源，就在人與人之間開展，生命是神奇而可貴的，因而我們更該好好珍惜它。

每個人都渴望有美滿的婚姻，漢樂府白頭吟以潔白的雪、月來心喻夫婦純潔的感情；大學時代的學長，曾經對我提到夫婦最終的聯繫是道義，我也贊成感情是要負責任的。

純潔的感情要不變質，就必須負責任。不管是男方或女方對感情負責任就不會受到環境的誘惑而做出對不起對方的事。

上面我提到的學長，他就是肯負責任的先生，雖然教書繁忙，但是每個星期還抽空留二個午後，開車帶妻子出外兜風，以紓解妻子平日理家的勞累，能為妻子設想，這樣的先生，確屬難能可貴。

感情是緣分，有緣相聚就該珍惜，但是萬一碰上不負責任的異性，我們都該有勇氣拋掉它，人生的真諦並不只是在男女之間，墨子要我們能兼相愛，交相利，關懷對方是人與人之間相互維繫的力量，而這種宗教家的大愛，就超脫了男女私情，人與人之間就能美滿地相處。

只要人人有道德觀，人與人之間就能平和的相處，朋友你說對嗎？

即興

隨興即感是捕捉生活情趣的一種人生態度，剎那的美感，可能是美的一生，累積的成果；清晨，出外散步，在綠柳寒風中，突然看到灰藍的天空，出現一條斑爛的彩虹，美好的一天，就這樣開始了，但是它給人的美感是長駐心頭，那是一種振奮、一種激發、一種新鮮的希望。

北京狗是可愛、高貴而且溫馴的，早起時常看到人牽著牠昂首闊步，我喜愛牠的貴氣、乾淨而自信的氣質，狗的種類很多，也多各有牠們可愛的一面，但是，我獨獨喜歡牠的乾淨有致，像個出塵的美人。

莊子說姑射山有神女餐風飲露，遺世而獨立，不食人間煙火，現代女子都是入世的多，像這樣出世的美人，就像杜甫吟詠的空谷美人，他們的風襟與氣質，是今人揣摹神仙的標竿。

美的感受是因人而異，但是一種雋永的美感卻是普遍百姓追尋的寄託，在煩瑣的世俗生活中，出世之美，未嘗不給入世的俗子一種心靈寧靜的空間，可以讓我們反觀自己，而不至於在世俗的潮流中迷失。

心靈是開闊、自由而變幻無窮的，它是現實生活的開脫與想像空間，每個人都需要保有一片寧靜潔白的心靈空間，當塵世已了，我們心對心，自我反省、自我觀照，在這樣的歷程中，人類求得成長與進步，生命也隨之和諧而充滿希望。

生活在培養情趣，有興趣的工作，不管多苦也都會樂此不疲，興趣的培養自然由小時著手，必然事半功倍，但是如果失去童年的光陰，隨時領悟，隨時修養，永遠都沒有嫌遲的一天，我們希望從事教育的工作者，能開導莘莘學子，發掘自我的興趣，培養情操，那麼，社會的進步與美好是指日可待的。

朋友，你認為對嗎？

仲冬點滴

生活是瑣碎的，心靈卻可以寧馨、朗暢而且專一。

冬天微曦，空氣深冷，牆頭的紫花淡白相間，別有韻致。

樹蘭一朵朵深紅，斑斕成行，在寒冬中開放，它又向我們啓示什麼？

屋頂上種的絲瓜，結果纍纍，媽媽說留下來當「菜瓜布」，那就不只食用而另有作用。

曇花也不落人後地在冬天展靨，雪白、高貴而且清香。

生活是零散的，但是，心靈卻可以很美。

一朵薔薇、一樹垂柳，都可以引動我們，產生美感。

高樓與高樓之間，灰白的天空，紅紅圓圓的朝陽升起，讓我們想到，朝霞恍如嬰兒的臉。

王維說大漠孤煙直，長河落日圓，雄闊、華美，在冬天的黃昏下，我們站在校園裡，依然可以領受。

美起於大自然，起於生活，也起於自我的心中。
遠眺沙鹿夜景，是一種享受，近觀校園中的一草一木，也是一種美。
朝霞是一種美，落日是一份情，夜空中的明月，更是別有深情。
是仲冬，日子隨性地過，這種自在與超脫，你說不美嗎？
生活是細碎的，但是，心靈卻是平靜如水。

晚秋三帖

一、晨起

早起，到文化中心散步，是晚秋季節，金風送爽，綠柳迎風，精神格外舒暢，快步走在健康步道，兩旁山坡碧草如茵，有狗兒們在草地上追逐，有麻雀在綠坡啄食，垂柳和尤加利蒼翠挺拔，人造的瀑布水聲淙淙，空氣清新，溪水旁開著咖啡與土黃花的喬木林，刷地燦爛一排，令人心神不覺為之動容。

散步回來，到屋頂澆花，母親盡心栽種的絲瓜爬滿木架，綠綠的絲瓜葉襯著黃色的花，格外醒目，尤其藤蔓下垂著大大小小的絲瓜，煞是可愛。

花園另外種有曇花、茉莉花、洋蘭、變葉樹、新娘花，一株株清麗挺秀，曇花的花苞輕巧地勾著，黃色紅點的洋蘭細緻地開著，用清水撒佈它們的綠葉，令人想起澆花的芙蘿拉。

秋天的早晨是很美麗的。

二、校園

逢甲的校園佔地雖小可也五臟俱全，尤其新建的人言大樓前的花圃，粉紅和雪白的紫薇斑斕秀麗，猛一照眼，心靈頓時為之一開，上起課來，精神也特別愉快。從大門口一直到文教館的筆直大道，種著幾棵大榕樹，樹蔭密佈，漫步其間，採著落地的榕子，回復到幼年的歡樂。

靜宜是個新興的大學，園地遼闊，規劃得宜，有籃球場、運動場、一塊產權依然還沒有解決的山坡地，種著梅花、荔枝、相思樹，花圃、草坪，把整個校園點綴得美輪美奐，乾乾淨淨是靜宜大學的一大特色，去上課，心靈總是安適寧馨的。

校園有樹、有木、有花、有草，淨化師生的心靈空間，綠化校園、淨化校園，是很有意義的想法吧！

三、秋夕晚照

李商隱詩句夕陽無限好，只是近黃昏，顯現一種淒美的心情。但是，若換一個心境來欣賞，秋夕晚照卻另有一種絢麗的美感。

淡灰的雲朵與遠天，襯著紅紅圓圓的落日，光光燦燦的，難道不美嗎？

王維詩句大漠孤煙直，長河落日圓，是一幅現代抽象畫，茫茫天際，裊裊婷婷的孤煙直上雲霄，遼闊的河岸，托出圓圓的落照，直的造形與圓形交錯羅列，其中美感是不言而喻的。

晚秋的夕陽，在海邊欣賞，更是光彩奪目；海天一線，洶湧如潮的雲霞，一大片、一大片撲滿雲天，而海是那樣遼闊碧藍，人與自然融合為一，心境是愉悅美麗的。

秋夕晚照，用愉快的心境來賞視，給人的美感是開朗無窮盡的。

初秋有感

秋是屬於詩人感傷的季節，但是人的定力可以超越竦竦隕落的落葉，顯露明朗、開闊、自足、自立的風範。

清晨到文化中心健康路道運動，圖書館旁的小公園內，有人做體操、有人讀書、有人聊天，而令人喜愛的是林蔭深處，碧草如茵上，矗立著一座座銅像，這些都是現代民間作家的作品，點綴公園，讓百姓享受藝術文化的氣息。

在臺中，想要享受自然、想要運動、想要親近藝術，經國大道上，圓道大樓對面也有許多露天雕塑，讓百姓去欣賞、去品味，每回我散步到這兒，不由自主地在這些作品間穿梭徘徊，在秋日的夕陽下，感覺自在而朗暢。

秋天是個美麗的季節，而秋月更是令人沉迷陶醉。

記得第一次到京都，也是初秋時節，秋高氣爽，漫步在御所的白色碎石道上，身心舒暢而愉悅，一晃十多年，不知友人是否依然安好？

大學時代，秋天時節，隨登山社社團爬七星山，腳踏幾尺深的落葉，林木擎天而立，躍登山巔真有一覽眾山小的豪情。

秋天是一個令人懷念的季節，懷念美好的過去，憧憬美麗的未來，秋天的腳步到了。

朋友，你是否安好？

初秋所見

晨起，帶著家裏養的小狗去散步，為了讓牠大小便，走到街角的一塊荒地上，荒地一旁種著一排七里香，七里香是很平凡的植物，有些人把它種著成為圍籬，它的香味濃烈而有些刺鼻，小小的白花，錯落有致地開放著，雪白而細微，它自開自落，像社會上許多平凡而自在的人。

一簇簇雪白的小香花，像夜晚自由自在飛翔的螢火蟲。看著它，令人彷彿悟出些許道理。

牆角上另外種著一叢胭脂花，紫紅色的小花，是小時候就常見的，聽人家說，胭脂花揉碎了，可以染指甲，但是我從來沒有嘗試過，看看紫紅的胭脂花與雪白的七里香，紅白相映，煞是美麗。

令人驚奇的是，在荒地的一角，靜靜開放著幾朵淡紫紅像圓球一樣的小野花，仔細一看是含羞草，含羞草也是小時候喜歡逗弄的小植物，沒想到，小小的一叢細草，會開出這麼細緻的野花，人生何處不自在，人生何處不美麗，只要有心，我們可以欣賞到許多美麗的感受。

初秋所見，只不過是三種不起眼的小植物，但卻讓我悟到了什麼，覺得平靜、踏實而愉悅。

平凡的人生，平靜的生涯，這未嘗不是一種無上的幸福。

生活的趣味

生活是一種藝術，懂得生活的人心中常會保持愉快平和的心，這樣的生活就是一種美。

有些時候，行萬里路會帶給我們眼界大開、遼闊的美感，然而，大部分的時候，我們生活在家裡、在工作的地方，四周圍的環境就給人，起了一定的影響作用。

屋內的小擺飾、字畫、有趣味的收藏品，表現主人內心的感情世界，徜徉其中，自是能自得其樂，享受閒雅舒暢的美感。

尤其加上窗外綠意盎然，麵包樹綠色的大闊葉，昂然直立，婀娜的龍吐珠紅白相映，花花木木，千千百草，春夏的時候，白色的茉莉花開，香氣撲鼻，秋冬的時候，清香的曇花，朵朵開放，一室之間，萬花爭艷，人與花木融合為一，加上小鳥啁啾，動靜皆宜，生活其中，心靈自然寧靜。

讀萬卷書也是生活的趣味之一，記得讀書時，有位老師告訴我，具有中國風味的家庭，一定要有酒、字畫、書。因此，家裡要有書、有字畫，可以增加心靈的豐厚，酒呢？可以當擺飾，也可以淺酌，增加生活的美感。

生活是一種美，趣味是自我的培養，我們在社會中培養生活的趣味，修煉生活的美感，人就在其中成長壯大了。

聆賞戲劇與舞蹈也是生活的趣味之一，昨晚看了中央芭蕾舞團的舞碼林黛玉、雙人舞、祝福，精湛的西方芭蕾舞技，異常優美，樂曲的演出也非常古典而西化，表現中國人無所不能的天分；祝福則以現代舞的技巧融合中國人的生活方式，顯現中國人的和樂生活，以及對美滿生活的祈求與祝福，最終以新郎、新娘的愉快結合，表示幸福生活的可得。

看了中央芭蕾舞團的演出，使我回味起雲門舞集的薪傳，薪傳的表現技巧也是西方的現代舞技，然而揉合了中國平劇的工夫，不似中央芭蕾舞團的純西化，尤其音樂與故事內容完全是中國的、鄉土的，因此觀賞時給人心靈相融的感動性，記得觀賞薪傳時，真是滿心的喜悅，滿心的祝福，像編舞者的感情一樣，祈求我們能記起先人的拓荒精神，祈望生活風調雨順，國泰民安。

生活的趣味是靠自我培育的，那是一種美，一種舒暢與喜悅。

少女情懷總是詩

十五、六歲，十七、八歲少女的心靈是美的、詩意的，對人生的追求，帶著夢幻與理想。因而，周遭的環境，接觸的人物，對他們起了一定的引導效果。

記得當時給我印象最深的老師有三位，一位是教音樂的女老師，她年紀大約五十多歲，夫婿早逝，只有一位女兒，隨侍在側，每當上課的時候，她總是穿著垂膝的洋裝，長頭髮梳著辮子，氣質優雅，彈著琴，教我們唱歌。

留在我腦海的是她翩翩高貴的風範，每次上課她總是以英國仕女的貴雅姿態，向我們屈膝行禮，然後，風度翩翩的走到鋼琴旁，有一回上課，她告訴我們要學習英國紳士、淑女的態度，舉止要優美，在年輕的心上，烙上追求美的種子。

第二位印象深刻的老師是國文老師，年紀六十開外，雪白的皮膚、紅潤的雙頰，梳著中國式的倭墜髻，她教我們要有一顆慈祥的心，寬容、開闊的情懷。

傳統中國的風土人物、書生本色，由她祥和的言辭中，傾吐出來。讓我們了解中國文化溫柔敦厚、自然天成、優美的文化素養，讓我們了解泱泱大度的中國風範。所謂海闊天空，寬廣的心胸，什麼是中國文化的美，在年輕一代的心中，注入了新血。

第三位老師是數學老師，她篤信佛教，有一顆仁慈的心，有一回到她家做功課，正是黃昏時候，她手中舉著煤球，對著燈，詳細認真的在查看，煤球裏面是否藏著生物，原來她怕點燃了煤球，會將煤球內的螞蟻或小蟲燒死，這種民胞物與的胸襟，從她平淡的生活中透露出來。

年輕的心是易感的，對於美的追求，保留一片心靈的淨土，使我們在人生的追求中，保持一顆童稚的情懷，隨著時代的演進，這種心靈之美，依然是重要的。

夏威夷之旅

學校放假，陪媽媽與弟弟一家人到夏威夷旅遊，七月三日午後二點半，飛機由中正機場起飛，四點三十分下降漢城國際機場，由京浦機場的上空往下俯瞰，田野遍佈，恍如從前的臺灣，音樂聲中，飛機徐徐下降，窗外瀰漫著濃濃的霧氣。

六點四十五分再由京浦機場直飛檀香山，機外細雨濛濛，可惜無法出境一睹漢城的面貌，只好等待下次專程來訪。飛機起飛，耳機傳來陣陣音樂迷人的弦律，我閉目養神，因為必須坐八小時的飛機。凌晨一時，窗外艷陽高照，原來已是日上三竿的清晨，二點半飛機下降檀香山國際機場，當地時間早晨八點三十四分。

夏威夷共有一百二十一個大小島嶼，其中最大的島是夏威夷島，依次為茂宜島、歐胡島。車行在歐胡島的公路上，天氣晴朗，艷陽高照，海水湛藍，四圍山巒環繞，山色深翠，有水田種植水芹菜、水芋，紅白色夾竹桃沿路迎風飛揚，導遊說：陽光、空氣、水是夏威夷的特色；鳳梨、甘蔗、觀光客是夏威夷的三大經濟來源。

首先直趨大風口，一路上花木扶疏，桃樹上桃子纍纍，車到山頂，大岩石林立，涼風陣陣，強勁有力，前景是迷人的海景，後面青翠的山巒白色浮雲輕染而過。接著參觀亞利桑那軍艦紀念堂，珍珠港灣海風習習，白色的軍艦紀念堂橫架在碧綠的海水上，海水清澈，有浮魚游來游去，晴空下，雪白的浮雲，清新的空氣，為珍珠港遊客帶來極大的享受。

回到旅館，略事休息，帶姪女逛街，上廿四小時營業的超級市場，市場內貨品充足，價錢便宜，接著我們又到對面的高級飯店附屬的商店，參觀具有夏威夷風味的服飾，並照相留念。

七月四日清晨八點三十分才出太陽，十點五十分開車至飛機場，飛機場傍海灣而築，給人一種浪漫的情懷。十一點二十分由歐胡島飛往茂宜島觀光，十一點四十五分到達。太陽很大，野風吹拂，並不令人感覺到熱。機場前面椰子樹林立，開二十分鐘的車程到指尖山，山不高但山形恍如手指尖，異常秀麗，浮雲靄靄，山色蒼潤，令人心曠神怡，茂宜島地廣人稀，具有田野休閑之美。

十二點四十分，看到遼闊湛藍的海，沿著公路，一邊是鳳梨田，一邊是甘蔗園，遠遠有海水起伏，波濤點點，海中有鯨魚、海豚、海龜，海景甚美，海闊天空，一片寧馨。

到了海邊的旅館，中午烤肉，然後讓每一組人住進一間間的度假家庭，原來是一棟棟的房子，屋裡的設備應有盡有，也任君自由使用，有廚房、有客廳、有臥室，還有樓中樓，像個溫馨的小巢，陽臺上有一組桌椅，有一張躺椅，由陽臺可以俯瞰種滿椰子樹的花園，池內種滿睡蓮，紅白相映，煞是好看。花園旁是一片碧綠的高爾夫球場，雖然佔地很小，倒也五臟俱全。球場旁是一座游泳池，池旁有一張張躺椅，游泳池外又是一片草地，草地外就是大海。坐在陽臺上看書、睡覺、看海景，涼風徐徐，海浪一波波湧上，後面有山，白色的雲朵，間有彩虹出現，氣氛異常閒適。在爽朗清新的空氣中，享受休閒的時光，真是人間一大樂事。

原來，夏威夷是個休閒度假的好地方，其神髓就在這裡。

七月五日，清晨六點，微曦一片，坐在陽臺上，看蔚藍的海水一波波湧來，涼風陣陣，鳥聲起伏恍如煙嵐疊障，綠色的草地，碧海如茵，一片幽雅。

七點半，一行人又出發到飛機場，目的地是夏威夷島。

九點到達黑沙灘，海邊有黑色火山岩，海景、岩石、高高的椰子樹，伴著海風陣陣，自是別有風味。

十點觀賞彩虹瀑布，高壯的芒果樹下，往前看，隔著山澗，對面的小山岩下有二道雪白的瀑布，據說，陽光照射下，七彩繽紛，恍如彩虹。可惜我們沒有看到。

看完彩虹瀑布，驅車參觀火山國家公園，入園後，一路是寬廣荒涼的景象，一片遼闊的黃土與黑色的山岩，種著開紅花不知名的灌木，火山口直徑一公里，附近的岩塊有硫黃噴出，蒼茫而神奇，接著步行山徑，參觀火山洞，洞內陰涼而黝黑，頗有曲徑通幽之感。導遊介紹，火山國家公園是世界七大自然景觀之一。

中午買了有名的火山豆以後，嚮導帶我們到旅館休息，旅館後面由陽臺望去，可以看到好幾棵巨大的榕樹，綠葉扶疏，氣根長而下垂至地，一個人工庭院，綠地一片，花木清雅，映照一個小水池，池中有魚兒游來游去，躺在斜椅上，興起幽靜午後的愜適之感。

五點以後，下樓漫步，看到旅館後另一方，傍著一片遼闊的海灣，黑礁岩的海灘，有小橋聯串其間，有的垂釣，有的烤肉，有的游泳，有的漫步林間。看遠處寬廣的大海，任海風徐徐吹來，感覺舒適暢快，令人足以忘憂。

夏威夷島不像茂宜島或歐胡島，人口較多，因而沿路都是一片翠綠，甘蔗園、椰子樹、香蕉樹，蔭鬱青蒼，給人一種開闊的田野之美，尤其晨起，鳥聲啁啾，伴著草蟲聲起伏，空氣清涼，非常舒暢而悠然。

七月六日，十一點三十五分乘機回歐胡島。首先坐車逛市區，下午到恐龍灣海水浴場戲水，坐在樹蔭下，看沙灘上一片做日光浴的人潮，與下海戲水的人來來往往；海鷗、鴿子、紅頭小鳥，停在沙灘，飛在海上，高高的棕櫚樹隨風吹拂，山形像恐龍的海灣，別致而迷人，陽光熾熱而不灼人，水中有熱帶魚，非常美麗，雖然沒有下水，在海風吹拂下，也享受了夏威夷迷人的海灘。

七月七日，九點十分乘坐愛之船出海，遊艇有歌手唱純美國風味的歌曲。

船停在外海，弄潮的人一個個全副武裝的湧入船，大家乘坐汽艇隨浪衝刺，晴空下海浪一波一波洶湧，汽艇隨波濤起伏，刺激而緊張，海闊天空下，蔚藍的海洋一片親切而熱情。坐在汽艇上，任海風吹拂，看海灣內高樓林立，海灣外大海一片，令人心曠神怡。

晚上到營築在海灘上的民俗村，看本地人的草裙舞表演，高高的棕櫚樹下，晚風吹拂，燈光迷濛，月色朦朧，臺上的表演熱情美妙。夏威夷真是個閑遠舒適的度假天堂。

七月八日，搭機回國，結束了一週的夏威夷之旅。

深圳三疊

一、脩竹

看過許多古人的名畫，細細的脩竹，一叢叢、一株株或一小節，總是以為那是前人墨戲而來的信筆之作，是古人心神氣品的表現。

沒想到在深圳的中國民俗文化村，親領神會地看到如畫中般的脩竹。剎時間異常興奮，頓悟古人種脩竹幾叢、樹石幾片的心情。顯現在眼前的脩竹真是美麗，一片片竹葉、一根根細竹，真的如詩如畫，挺拔靈秀，頓時領悟出古人寫生的精神，以及脩竹的美感。

小小的庭園，漫步在細雨中，欣賞兩旁的竹叢，才知道古人以竹養神的美麗情懷，竹子是那樣的美，在今天真的算開了眼界。

趙孟頫說：「天地雲山是我師。」大自然的山水陶冶古人的情懷，是古人作畫的靈感泉源。

脩竹是自然中的產物之一，古畫傳神，移人性靈，百讀百看，不如親見，今天才真正領會。

深圳的脩竹，是那樣的美，那樣的令人難以忘懷。

二、煙雨江南

在風雨中，我們停滯在中國民俗文化村的風雨橋，兩岸景物有著異曲同工之妙。迷濛的雨，遠眺石拱橋在望，湖中白鵝悠游，柳絲垂岸；另一邊石林點點，瀑布如瀉，獨龍族的藤橋點綴其中，雖然是假山真水，卻令人興起煙雨江南的美麗感受。

江南我還沒有去過，但它的秀麗，卻是書中、畫中讀過、看過的。杜甫詩：「細雨魚兒出，微風燕子斜。」那種輕輕柔靜的美，沒想到會在深圳心領神會。

煙雨江南，柳條如畫，圓滾滾的白鵝上岸啄食，給人一種美麗的錯覺。雨，美化了深圳。

三、仙湖

傳說觀音路過深圳，瓶中仙露滴下，就是今天的仙湖。

仙湖植物園有二百多種珍奇的竹木。

湖在山腳下，一邊是環湖的高山，山上有黃色建築的寺廟，青翠的山嶺，雲靄雪白而迷濛；另一邊則是林木聳立，遼闊的碧綠山坡。

湖不大，湖水平靜無波，白色的鵝舟靜靜地徜徉在湖心，美麗的蝴蝶在林木間穿梭，藍色的蜻蜓迎面而過，樹上有秀緻的早蟬飛駐樹間吟唱；湖的一端有雪白的十一孔橋，映照這一片湖光山色，倒也令人興起一片冰心在玉壺的美感。

仙湖名字美，湖水寧馨，自然山水的幽境，在這兒可以感受到；山靄、湖水，一片翠碧山崖，組合成小小的一片清幽的人間仙境。

春假三帖

一、母女圖

車站人潮洶湧，我坐著等車，突然眼睛一亮，眼前站著一對母女，母親的雙手環抱著大約五、六歲的女兒，母女倆臉貼著臉，慈愛、親膩而柔美。一種幸福的感受由我心中升起，多麼甜蜜的一幅親子圖。母愛的流露是那麼自然而溫馨。

雖然母女很快地又在人潮中消失，而母女相知相親的親蜜感，卻深刻地印在我的腦海裡，使我想起雷諾爾熱情、溫暖的戲子圖。

如果我是畫家，我會把這溫馨的一刻，捕捉住，使溫暖與愛，長駐人們的心頭。母子天性，人性親情，溫暖了社會炎涼的人心。

二、太古廣場

趁著假日到香江一遊，朋友介紹我們參觀太古廣場。

原來，香港所謂的廣場是購物中心的意思。香江的太古廣場是世界一流的購物中心，出入的遊客衣著都相當整齊，請專業的鋼琴師在一樓彈奏琴音，樂聲流洩整棟大樓。

我們在北京樓吃飯，享受高級的服務與美食。飯後開始逛，沒想到八點商店就打烊，我們坐計程車回到旅館。

太古廣場留給我的印象，不只是世界名品店的精華區，而是一棟棟高樓彼此相通的走廊與建築物的高敞晶瑩，這樣的建築在香江其他地區也有，只是沒有太古廣場的高級與貴婦氣。

由廣場潔淨的行人道向上遠眺，霧籠罩迷濛的山頂，俯視前景，船帆點點，江水一片即在眼前，感受是閒適而舒暢的。

三、中文大學

朋友住在沙田中文大學的教授宿舍，吃完早餐，我們就坐計程車去拜訪他。

一路上高樓林立，沿著規劃良好的道路，穿過海底隧道，江帆點點中，我們越過繁華，到達幽靜的中文大學。

校區依山傍水，由陽台遠望，江水迷濛，遠山含翠，沙渚、小島林立。朋友介紹我們下午旅遊的重點，並開車繞中文大學一週，翠竹幽林，書院林立，確是教書、讀書的好地方。

朋友收藏古董家具，一組清末民初的仿明式桌椅，以及一尊柚木細雕觀音，更突顯客廳的雅致。

在家靠父母，出外靠朋友。這是我們的古諺，而現實中，確實是如此，寫香港的中文大學，其實是感謝朋友的熱心介紹，友誼溫暖著每一個離家的旅人。

新春三帖

一、芭蕉

在巷口還保留著幾幢日式房子，深深的庭院種著大大小小不知名的樹，而其中最引人的是芭蕉，清人李漁說：「蕉能韻人而免於俗」，芭蕉的風韻在那大大寬敞的葉片。

芭蕉能入畫，向來是畫家最入畫的題材；最有名的是王維雪中芭蕉的故事，表現文人心中獨特的意念，雪地裡的芭蕉，這是多麼別致的意境。

芭蕉容易種植，生命力強，一向是亞熱帶臺灣最具代表性的水果之一，那層層下垂的果實，引人垂涎。而那成蔭的葉片，能使臺榭軒窗，盡染碧色，有綠天的雅號。

古人在芭蕉葉上寫字作詩，今人雖然沒有這樣的雅興，但是芭蕉的美，卻是古今一體的。

最後我們引李漁的題蕉絕句作一個小結，「萬花題徧示無私，費盡春來筆墨資，獨喜芭蕉容我儉，自舒晴葉待題詩。」

在這新春的一年，祝人人都能勤儉自持。

二、蕃茄

紅紅的身子，小小的綠蒂是蕃茄的特徵，蕃茄是寶島臺灣普遍的水果，也是日常的菜蔬，大蕃茄通常是配菜用的，也可以炒蛋，小蕃茄長得正巧入口，民間喜歡將它配蜜餞食用，酸甜可口。

新春的時刻會想起蕃茄，是因為它有一段童年的故事。

童年家的四圍是水田還有菜圃，放學後，幾個平日時相往來的同伴，喜歡到田畦上、菜圃旁散步，看落日晚霞，任微風吹拂，有回走到菜圃埂邊，看到一排排的蕃茄長得紅綠可愛，大家看得高興，相與園主商量，取得園主的許可，就當即採拾回家。

昔日在菜圃上採摘蕃茄的興奮，今日回想起來，依然溫馨，大自然的闊遠、田野的芬芳、友伴的笑聲、大家的歡愉，都是新春最美好的獻禮。

小蕃茄還有裹上糖漿，串成一串，任小販在鄉間小市集上叫賣的，這也是新春時的一景。

三、芭樂

芭樂是番石榴的土名，它是不能上供的水果，但是營養價值卻是相當地高，尤其改良後的芭樂，香脆可口，平日裡，價格還是不薄。

小時候，外婆家園子裡，種有幾棵番石榴，小孩子喜歡爬上樹採摘食用。爬樹和採摘的快樂，也是大人想像不到的。

新春與家人一同到宜蘭遊玩，堂弟帶我們到他朋友家果園摘番石榴，重溫孩童時的歡樂。

而土芭樂的清甜更勾起我對外婆的思念。

晚冬雙帖

一、讀琦君的水是故鄉甜

琦君的散文作品一向為多數讀者所喜愛，她的文字清新有感情，尤其懷鄉懷舊的作品，更令人感到一股濃濃溫馨的情味。

水是故鄉甜由九歌出版社印行，是琦君去國旅居美國的散文作品，其中有懷舊作品，也有旅居異地的所見所聞，懷舊作品像水是故鄉甜，她說：「說實在的，即使是真正天然礦泉水，飲啜起來，在感覺上、在心情上比起大陸故鄉的水，和安居了三十多年第二故鄉臺灣的水，能一樣的清洌甘美嗎？」像母親的手藝，寫母親的勤勞賢慧，她說：「一以奉勸活力充沛的現代少女們，在慈母身邊，享受無邊幸福之餘，千萬要多多為母氏分勞，也多多學點日常生活中各種手藝。不只是為了會點手藝，而是在學習中，才能體會做母親的，愛惜光陰、愛惜物力，與好學不倦的美德啊。」在濃厚的情感中隱然透出對傳統女性美德的讚頌。

至於在異地的所見所聞，我們舉愛的啓示一文中所說的話來看：「但是逗得人滿心歡樂的喜劇與兒童節目，……也使你拾回童心，使你忘憂，使你覺得世界是如此的光明美好，人間洋溢著一片祥和的愛。」

琦君以愛與深情的眼光來面對世界，欣賞人間，這是我們在欣賞她的作品時深深感受到的。

二、讀劉靜娟的笑聲如歌

劉靜娟的笑聲如歌在平凡的日常生活中，寫作者透過個人的智慧所領悟的人生真諦。

比方在簡單之美一文裡，她說：「文字，我喜歡淺白的，我認為澄澈的心靈和圓熟的筆，才能把精緻的智慧和思想表現在淺白的文章裏。……簡單本身常常就是美。」在真正的人情味一文，她又說：「一個有真正的人情味的人，在大處應該想到公德、法律；在小處顧到別人的時間、金錢、情緒……。」

又如在不守秩序的家長一文中，她說：「一個家庭如果只有物質文明而無精神文明，那只是暴發户式家庭；一個社會如果只重物質而不重文化，那只是一個病態的社會。文化，不一定要滿腹經綸，更重要的也是最根本的，是——不自私，重公德。」

在一道好菜一文中，她說：「心胸寬廣的人會羡慕，不會妒嫉。當他說：『我好嫉妒你呀』的時候，他的心靈正張開雙臂擁抱對方。他仰慕他，吸取他的長處，可以成為他的朋友。」

再如是非止於智者一文，她說：「是非止於智者，你當然不是傻子，你只是免疫了。」

這些簡單的道理，作者以平實如水的文筆，輕輕道來，對年輕的少女們正是很好的心靈糧食。

緣

人與人之間相會相通的愉悅，純是一種美麗的情緣。

上個星期去國五年的美瑛回來，接到她的電話，心中就盼望能再相聚的緣份。

今天在長春藤咖啡屋，促膝深談，彷佛往日的情懷又回到周邊，知友相交，體己話盡出，心中有說不出的愉悅。

溫暖的小屋、溫暖的話語如水流輕輕流洩，溫暖的友情像燭光點燃心中的火炬，心是溫暖的，人也緊跟著溫暖起來，在這冬日寒流過境的午後。

美瑛與我，相知相交，情同姊妹，她去國在外，不知何時何日，再能回來，因而對今日的相聚格外珍惜。

離別了，我依然再打電話過去給她，彷佛捨不得這再續的緣，就如此消聲匿跡，希望能重溫人情冷暖，多說些兒體己話。

晚上，也是出國留學的昔日學生來看我，我們輕輕地斟點白蘭地，細細地品嚐，品嚐著十多年來的師生情誼。

看到往日純真無知的青年，驟然成熟而獨立，心中的感覺是欣慰的。

往年有年長的老人對我說，人的感情要不斷的接觸，情才不會斷。但是在今天，沒有利害關係，純粹的友情是很難找的，師生之誼也是一樣。

已經離別的學生，還能再來看我，這是一份情，也是一份緣；看到他們由無知變成熟而長大，心裏的欣喜是無法用筆墨來衡量的。

有了這兩種情緣，即使是非常酷寒的冷冬，日子也變得溫暖起來。

書桌上擺著花，這花兒也是學生送來過新年的禮物，有情、有緣的人，依然不少，在這開春前的暮冬晚上，這一切點點滴滴，活絡了冰冷的大氣。

有緣，真好。

追憶臺靜農老師

追思的樂隊奏著哀傷的曲子，看到老師安詳的遺容，心一陣大慟，與痛哭的臺大姊相擁而泣。

每個人都異常傷慟，當工人將墓穴用水泥封起時，有的眼眶一陣紅，神思慘然，有的蹲下身來，為老師燒冥紙，有的不停地踱著步子，望向遠方金山的海浪。依山傍水的金山，是老師與師母重聚安息之地。

灰灰的天，淒迷的雲海，老師！安息了。

回憶老師生時是那樣慈愛，我每有困惑，他必定一一為我撫平，我告辭時，他必定走到玄關，看到我關了門，才進去，而他慈愛的笑容，久久總烙印在我心懷。

有時候我去探望他，他正懊惱著眼睛不行了，手痛風，談著談著，他又開懷些；有時候累了，他說老了，還教書，為的是添補家計，後來書不教了，全靠寫字添補。但是，老師從沒有讓我覺得錢財的重要。比方在病中，尚將明代倪元璐作品慨贈故宮，這豈是一般人所能做的。

更早以前，我還沒有做事，有一回我說家人抱怨我不會賺錢，生活很苦；他就很不以為然地說，我和莊老師還不都是窮過來的。然而，二老的風襟卻光風霽月，全不為錢所奴役。

有一回談到大陸的困窮，他說：「人太多了，沒有法子。但看學術方面有沒有人？」我說有，他就說：這就成了。使我了解，有文化就有希望。天安門事件，他也很關心，但是，他說很難，果然不久，學生就被鎮壓了，他說：「不管怎樣，殺人總是不對的。」

老師的風襟，欽奇磊落；他的平和，令人追念不已。回憶他對我的恩慈，我永遠不能忘。那一回，哥哥想送給日本友人孔先生的字，我跟老師提及，他很有興趣地說我來想辦法。等老師為孔先生寫了字，他拿給我時，還有趣地笑著說：「這可是千真萬確的真蹟，絕對不會假。」但是，我跟哥哥說只此一次，下不為例。

搬家前，他還為我弟弟寫了一幅全開的中堂，寫的是陶淵明歸田園詩，沒想到，搬家後，他就病了。

金山的幽渺依然在我腦海，臺老師的音容笑貌，卻在心海中拂拭不去，午夜醒來，想著老師的恩惠慈愛，二老（臺老師、莊老師）的相知，二老一生對師母的愛，二老的風襟懷抱恐怕都是未來很難能可貴的。莊大哥申先生在金山說的：「這樣的人，以後恐怕沒有了，又能古今文學，又能刻印、寫字、畫畫，這樣的人，以後恐怕少有了。」聲音清晰在耳。

援筆再記臺老師二、三事，以為念。老師永遠活在大家的心懷中。

懷念臺靜農老師

臺北溫州街古木婆娑的巷弄依然，卻再也見不到溫厚慈藹的長者——臺靜農老師。我走進玄關、上香，步入龍坡丈室，清寂、蕭然，老師不在。

認識臺老師是在外雙溪已故莊尚嚴老師的洞天山堂，二老風襟氣勢不同，卻相知相惜令後輩了解何謂肝膽相照，刎頸之交。昔日歡笑相聚，談笑風生的酒宴，寫字畫畫舞文弄筆的快樂，如今再也見不到。

莊老師清癯、曠達，臺老師古樸、豁達，二老都喜愛杯中物及寫字，臺老師更會畫梅、水仙、荷花，雖然是文人的墨戲，梅的清奇、古拙、凜然傲霜就像是臺老師一生風骨的寫照。

自從莊老師故逝以後，臺老師就成為我時常請益問卷的人，第一次到溫州街，談天說地，老師興致很高，帶我到廣興樓吃尼羅河魚，那時候我沒做事，老師就時常留我在他家便飯，每次一定要喝一點威士忌酒。

每次看到我，他必定會問過得好不好，莊老師的家人看到了沒有？莊師母是不是依然健康。如今，二老皆已故去，而我一向深居簡出，日子將更添寂寞。

回憶和老師在一起的日子，老師的風範使我覺得彷彿在讀一本厚厚的中國，他是純中國風味的學者，古樸、厚重、淵博、泱泱大度。莊老師像是書中的陶淵明，臺老師卻是詩中的杜甫——沉鬱頓挫。每回我看到他飽經風霜的顏容，我就像體悟社會人情冷暖的稚子，當我受到挫折時，他說做人很難，是不是？他的慈愛，鼓舞著我，繼續前進。

我因為沒有受過西方社會的洗禮，不懂得如何用西方的方法治學，他告訴我不用怕；他異常謙虛，每回都告訴我，他對書、畫、文學的鑑賞，完全憑的只是直覺。即使是使他聞名遐邇的寫字，他也是告訴我基礎用筆的方法而已，以後就靠苦練。他告訴我創作必須有新的創見，教學則要守規矩，傳播不偏不頗的知識。

臺老師的晚年並不寂寞，來拜望他的人很多。他曾經告訴我，讀中國文學，愈老愈有價值。他就像一本厚厚的書，令後學者永遠讀不盡。

臺老師的一生不慕榮利，但是很可喜的，他的晚年實至名歸，著作受到肯定，書法也受到世人的喜愛，他雖然走了，但是，他的風範將令後學者永遠追思不已，傳至久遠。

午後的巷弄是這樣寂靜，我永遠懷念他——臺靜農老師。

林昌德水墨畫展

三月十日至二十二日，在臺中市立文化中心一與二展覽室，展出東海大學美術系教授林昌德先生的水墨個展。

由於是首次個展，展出的風格琳瑯滿目，可以說是作者實力的展現，然而，可取的是，作品的內容雖然多樣化，而整體的精神卻是一貫的。

水墨畫最難的是突破傳統，作者以寫生的功力駕御筆墨，表現水、墨、光、彩的清新面，筆法乾淨俐落但不草率，水墨渲染新鮮而厚實，作者取法前人，著力創新的努力，令人感動。

整體而言，寫實、寫生的精神迥異於一般水墨畫，像福海壽山、灘頭的故事，取材是傳統國畫中少見的成功之作，作者自述灘頭的故事，整整營造一年，畫面一片蒼茫的黃土色調，空中寒鴉點點，與折戟的兵器相映成趣，除了畫意之外，亦充滿詩情，是展出作品中，難得的極品。

此外，表現臺灣本土風光的華園春曉，山岩的皴法與灰色調，襯托一片清綠的林木草地，綠的層次與四合院的紅色調，令人猛一看就知道是臺灣的鄉村景致，也是畫展中的得力之作。

色調的多層次，雲煙的烘染以及光的運用，表現作者獨特的手法，像蘭陽夜色、太武夜哨、梧棲夕灘、公園夜色、望安月夜、中社夜泊、西門町之夜、氛圍的營造，借晚霞、月色或燈光將墨色濃淡表現出水的光影，墨的堆衍形成厚的感覺，也是作者成功的地方。

借用人物寫景，表現社會景象，像車站印象，上海街景以及人物寫生沉思少女與青春年華，亦表現了作者追求創意的精神。

展品中還有一部分大陸風光的寫生，這一部分的作品與傳統水墨大異其趣，寫實的精神與乾淨的筆觸，是作者獨到的地方，如運河暮色，無樑殿秋意濃，都是極成功的創作。

雖然作品中有多方面的嘗試，但是，作者獨特的寫實、寫生作風，以及對墨、彩、水、光的運用，為臺灣水墨畫畫出一片嶄新的清空，作者的努力是受人肯定與讚賞的。

日本遊

第一次去日本也是單獨出國，到京都遊學；第二次到日本看萬國博覽會；這一次雖然旅遊時間最短，陪爸媽來日本觀光，由於坐的是巴士，看到了上兩次沒有看到的東西，溫故知新，玩得很高興。

再來福岡，已是入夜，旅館前的街道，寧靜安詳，空氣新鮮，使我懷念第一次看到日本街市——廣島的喜悅（廣島的街市規劃完美，綠樹如蔭）。

由福岡到小倉，車經關門大橋，行駛海底隧道，看到了日清講和紀念館，為馬關條約簽約處，館內有兩幅李鴻章書寫的字，一為海岳煙靈，一為為五松大兄屬長條。旁邊為紀念日本皇族的赤間神宮，青松紅樓，碧綠屋瓦，為仿唐建築，格局比京都的平安神宮、東京的明治神宮小，但是氣氛一樣的靜謐優雅。

日本人愛乾淨，一早起來，看到上班的人匆匆而行，掃街婦穿戴整齊，街市一張垃圾都沒有，車輛川流不息，沒有煙塵也沒有喇叭的聲音，靜和淨是日本人的驕傲，一路上不管是都市或鄉間，呈現的是安靜和乾淨，替優美的湖光山色，增色不少。

由小倉到神户，我們坐輪船，遊瀨户內海，起船時是黃昏，媽媽順口唱出她幼時學的日本歌——瀨户內海的黃昏，船窗外一片流水碧綠，天空靛藍，霞光閃閃，爸爸説日本人由於環境污染而引起水股病之後，非常注重天然環境的維護，對於環保的工作做得相當徹底，所以我們經過的都市或鄉間，川水一片蔚藍，山色一片青蒼，屋宇乾淨，街道整齊，而他們目前最想做的是瀨户內海養殖業的發展，以及如何加強防止瀨户內海的污染。

由於這次旅遊坐的全是巴士，經過了日本東西相連的幾條高速公路，尤其從東京到千葉狄斯耐樂園，高架公路層層盤旋而上，才知道日本人不僅鐵路發展神速，公路的開發也極前衛，交通的便利，刺激工商業與觀光業的發達，這是值得我們借鏡的。

日本的另一特色是治安良好，因此他們的屋舍看不到鐵門鐵窗，都市人住的空間雖然非常狹窄，可是公共場所如皇宮的二重橋、上野動物園，松樹一片，綠意盎然，廣場旁碎石子道開闊遼遠，是他們休憩的中心。

此次旅遊印象最深刻的是遊覽區的衛生設備，新穎而乾淨，遊狄斯耐樂園時，天雨，雨剛停，立刻有清潔婦出來打掃，將雨水抹乾，一路上看不到垃圾堆積，在如此人口密度高的國家，能維持住整潔，雅靜的環境，空氣也比臺灣清新，他們環境保護的工作，是值得我們學習的。

仲夏三帖

一、茉莉花

雪白、嬌小、清香是它的特徵。從前它是婦女們頭上最喜愛的髮飾，記得小時候，外婆常到園子裡摘下它，別在髻上，臉上閃爍著喜悅的光彩，髮際飄出一陣清香。

茉莉花，兒童愉悅，讚美的歌曲，它帶給兒童寧馨的憧憬。茉莉花是幼童的詩歌與夢幻。

仲夏，茉莉花盛開滿園，迎風招展，皎白、清麗，清香噴鼻。

茉莉花，令人想起「真、善、美」中的一朵小白花，永遠的夢與清純的愛。

茉莉花，為仲夏開出清麗芬芳。

茉莉花，在園中悄悄開放。

二、長壽梅

開著艷紅花朵的長壽梅是歡悅的象徵。
長壽梅四季開放，替園子裡帶來一片紅紅的喜氣。
紅的長壽梅像希望的實現，豐沛碩實。
長壽梅帶著祈願，願世世代代幸福歡愉。
園子一片綠意，長壽梅的紅艷為它帶出一團喜意，與茉莉的雪白，相輝映。
紅紅的花，朵朵開放，長壽梅是夢與希望的實現。
仲夏的長壽梅，為溽暑開出一片熱鬧的先聲。
長壽梅紅艷、熱情奔放。
我愛它。

三、蟬

蟬為仲夏，唱出最熱情的交響曲。
一聲聲蟬鳴，象徵一股股暑熱。
蟬的鳴唱，是它十七年來唯一的獨舞與吟唱。
兒童喜歡捕蟬，蟬給兒童帶來喜悅與夢幻。
蟬鳴給我印象深刻的是在大學時代，大一的暑假與同學相偕到八卦山訪友，沒想到迎接我們的是一片蟬鳴。

相思樹與蟬是大學友誼與夢的希望。
仲夏的蟬鳴是年輕與歡悅的。
你聽！窗外的蟬聲又叫了。

春雨初晴

下了幾天春雨，天氣終於轉晴。遠山升起朵朵雪白的雲嵐，在蒼鬱的青山襯托下，微曦顯得格外溫柔。

幽清典麗的醉月湖，湖面清澈如鏡，細柳垂枝，深深淺淺的綠，倒映水面，偶爾有小鳥掠過，劃出一聲清脆的鳴叫。

校園裏，九重葛開得格外嬌艷，葉的深綠與紫紅的花交相輝映，雪白的梔子花在春雨的摧折下，枯爛萎黃，殘留的一股花香，令人鼻酸。

不遠處另一叢深綠的，充滿鮮活生命力的梔子花，開出三朵清麗透亮的花，在初晴的晚春，散發迷人的風采。

春雨初晴，草的香味，分外撲鼻。

由窗外望去，大王椰子、芒果樹、麵包樹，在雨後顯得特別翠綠，尤其令人心喜的是銀杏長出嫩黃的綠葉，看那一身清綠，像煥發的少女。

洋臺的花木，春雨過後，特別有神，龍吐珠不僅枯枝吐新芽，且長出一朵朵雪白的花蕾；萬年青的葉子更是剔透清亮。

蘭花清清爽爽地抽出一枝新芽，小小的、細細地綠苔盤在花盆上，清翠可愛。

玫瑰也開花了，粉紅的花瓣飄出清香，嬌柔美麗得像嬌羞的新娘。

白色的野百合，清新幽雅，柔弱的嫩枝，在春雨過後更顯出翩翩風姿。

晚春雨後，清新的空氣、淡淡的陽光，伴著濃濃的花木草香。

春雨初晴，大地一片欣欣向榮，洋溢著無限生機。

我心一片祥和，寧靜。

暮春三二

一、梔子花

雪白帶點鵝黃花蕊的梔子花，在暮春四月天盛開。

綠葉襯托下，一樹銀白，散放出淡淡幽香。

小時候，在竹塹潛園，種著許多株梔子花，我愛它的清雅與淡香。

梔子花是童年的夢與詩篇。

有一首歌詠嘆著梔子花，贊美著梔子花，帶領著幼年的我，划向夢之海。

醉月湖邊的梔子花盛開，我墊起腳尖，湊上前聞一聞它，清香依舊，夢幻依舊。

梔子花像典麗幽靜的湖光樹影，靜靜地盛開著。

二、我們的樹

有一種樹，十多年來我一直不知道它的名字，它會開出一串串，像垂珠一般紅色的花。

醉月湖邊有許多棵這樣的樹，從三月天陸續開到現在。

曾經有對戀人，在這樣的一棵樹上相知相戀，於是戲呼這棵樹為我們的樹。

樹與花影依舊，不知那一對金童玉女，戀情是否依舊？

火紅的花，依然像十多年前盛開著。

在同樣的花前月下，是否也有相同的故事，在持續地編織著？

三、芒果花

綠色的芒果，有著濃濃的鄉土情懷，酸而且甜。

黃色的果肉，細細的纖維，令人垂涎。

暮春四月，芒果樹開花了，芒果花一球球像茸茸的毛，泛著淡白。

一樹開花的芒果，白綠相間，煞是好看。

小時候，芒果樹下是童稚歡樂的場所。

鄰居的庭園，高大的芒果樹，盛開著芒果花，我徘徊其下，思念起，童年那些不知名的伴侶。

芒果花像詩，泛著綺麗的夢。

聽！窗外琴聲抑揚，伴著幼童歡笑的呼喊。

暮春四月，春將離去，人間天上。

仲春三帖

一、聽鳥聲的老人

早起到校園散步，看到一群逛鳥的人，有一位老人靜靜地坐在大王椰子樹下，對著火紅的山茶花與紅白相映的杜鵑花靜靜地凝思。黃褐色的絨帽，飽經風霜地臉龐，黑色的中國衣，黑灰的西褲，踏著一雙破舊但乾淨的皮鞋，一種肅穆、悠然地感覺散發在他的四周，是誰令他懷念？是什麼令他繫心？他心中繫念著什麼？我不覺得這樣想著，然而更令我激賞地是凝寂神采所蘊涵的豐富畫意。假如我是畫家我定然要為他畫一幅動人的畫。

二、漫步雨中

雨中的漫步是冷晰而充滿詩意。

晚開的白梅，一枝獨秀地在斜風細雨中盛開著。

嫩綠地芽葉托出一朵雪白的梅花，雅緻、高貴。

雨細細地下著，梅花也清清冷冷地開著。

雨打在湖面上，魚兒悄悄露出水面；斜斜的春風掠過細柳，柳梢有喜雀啁啾。靜靜的小徑，傍著湖，九重葛、一串串紅色的花點綴在四圍青綠的樹叢間。

雨輕輕地下著，天地一片寧馨。

三、木棉花

中北部的木棉花，在三月天盛放。

橙紅如火地木棉，不需要綠葉襯托，一朵朵放肆地開著，是那樣野，那麼坦率。

我無法欣賞木棉花的美，但看到許多人為它歌詠；在這仲春時節，我又看到路旁的木棉花毫無顧忌地怒放。

為什麼有人欣賞它呢？我這樣想。

早起所見

一、旭日

旭日是清新、和煦的，尤其是冬天的微曦，令人覺得份外溫暖。和暖的陽光照射在高大的建築物上，聳入雲霄的大廈，靜靜地矗立在那裏，灰色的天空，釀著雪白的雲朵，滲出絲絲淡藍，恍如一幅寧馨的油畫，在喧囂的臺北市區能夠領略寧靜的美感，倍覺珍惜。

早起的陽光，在冬天，像心中熊熊燃出的溫熱的愛。愛的火炬，鼓舞著人心向前邁進。

從來也沒有想到，聳入藍天的大廈會是這樣的美，設計雅致的大廈，直立在天地之中，在旭日初昇的彩光中，也有一份城市的美。

這個發現是驚喜、愉悅。

旭日暖洋洋，對著大地微笑。

二、走在青青的草地

走在青青的草地上，感覺是柔軟舒暢。

青青的草地，平凡、簡單而綠意盎然。

小時候，一直渴望馳騁在一大片綠色的原野上，想像騎著赤馬，狂奔在大草原的樂趣。

天蒼蒼、野茫茫、風吹草低見牛羊。塞外的原野，綠色的大地，織著幼年童稚的夢幻。

走在青青的草地上，使我拾起年輕的夢，青青的草地，是綠的希望。

青青的草地，有我童年的愛。

走在青青的草地上，感覺多麼美好。

三、校園

校園有許多花木，都長得高大而壯碩。

有一棵油加利，樹幹長滿盤錯的結，微微彎曲地向上挺立，綠色的枝葉垂著一球球黃白色的花，花開滿樹，看起來有一股青蒼的美。

還看到一棵在寒冬抽新芽的樹，早春的感覺，不由自主地從心中升起，嫩嫩的白白的芽一團團鋪在墨綠的老葉上，煞是可愛。

結著許多花苞的山茶花，伴著幾朵早開的花，紅的鮮艷；若是一樹繁花，將像一片火海，若是一片白花，雪白如江練，想像紅白相間，花開滿園的喜悅。

一叢開著大而紅艷的聖誕紅，隨風搖曳，伴著另一叢嫩黃色的聖誕紅，間著蒼綠的樹，傍著兩棵落葉滿地，枝葉零落，黃葉依稀的銀杏，交錯的美感，也另有一份別致的美。

校園裡，一棵棵枝葉如蓋，像雲朵般的花木，頓覺心賞目悅。

早起所見，如是美好。

歲暮有感

是歲暮，也是早春。

走在紅磚道上，路旁的油加利樹抽出一叢叢灰白棉絨絨的新芽，一眼望去，蒼綠間泛出一片銀白，煞是好看。亞熱帶的寶島，在這暮冬時節，春已早到人間。

有一對年輕的夫婦，推著烙餅的攤子，盤在街角，靜靜地準備做活兒，夫妻的臉上，顯現沉默和寧靜。

街上的車聲熙來攘往。

小女孩的笑靨，少女的青春，男孩的堅毅，行色匆匆；暖洋洋的冬陽，悄悄升起，躲在大廈屋角的灰藍蒼穹中，彷彿在暗示匆忙的行人，這是個春暖花開的季節。

春到人間。

豌豆苗開著紫色的小花，爬出牆來。

聖誕紅隨風搖曳，展靨而笑。

不知名的灌木，展現一顆顆鵝黃的果實，襯著滿樹綠葉，象徵豐碩的冬。

收成的冬，有一棵棵果實纍纍的檳榔樹，有變葉樹紫紅間黃，闊葉樹中橢圓形的綠，有嫩芽上一串串黑色的小果子。

結果子的樹，在寒冬中，顯得充實而圓滿。

是歲暮，也是早春。

山坡上一波波棕黃的草木夾雜著朵朵蒼綠，層次分明，襯著雲彩，恍如一幅閒遠怡適的油畫。

小樹有畫眉鳥啁啾，婉轉的啼聲，為寧馨的微曦譜上生動的悅音。

花圃裏，紅的、白的、深紅、淺紫的花兒迎風獨立，棕櫚樹開闊挺拔，大王椰子抽出粗壯的新芽，一棵棵老樹吐出一寸寸嫩綠的芽，看那一片鮮綠，暮冬的感覺消逝了，是早春時節，大地一片新綠。

一隻雪白的北京狗，高貴愉悅地向前走，牠的主人神彩飛揚，彷彿感染著早春的喜氣。

是歲暮，也是早春。

春到人間。

晚冬三帖

一、絲瓜

絲瓜翠綠清甜可口，是大家普遍喜愛的菜蔬。然而它也是庭園中可以遮蔭，可以觀賞的植物。坐火車時，窗外柵欄不時展露著朵朵絲瓜花，黃綠相間，份外可愛。

小時候，家裏的庭園種了一棵絲瓜，甜甜的絲瓜帶給我們無窮甜蜜的回憶，媽媽為了變換口味，還將絲瓜花摘下來，洗清，炸成一朵朵，給我們當點心。

當絲瓜老了，它的根莖部汁液，我們將它用瓶罐盛起來，是美容、美顏最簡單的用品。

絲瓜布用來洗澡、洗刷碗筷，妙用無窮。

絲瓜棚下的秋夜，家人團坐品茗，更是溫馨美好。

二、芭蕉

王維有雪中芭蕉是畫史上特殊的創意。芭蕉在國畫中也是常見的描寫對象。

芭蕉展葉，給人一種開闊的美感。

雨打芭蕉，聲聲動人，惹人遐思。

芭蕉葉還可以題詩寫字，足見古人的雅興。

記憶中的芭蕉是由鄰家移植來的，壯麗遼闊，一片片的大葉子，像極了一縷縷年輕的夢。

鄰家的女孩是我高中的同學，她健碩開朗，是生活中的好友伴，我們分享著少女的夢與生活。

芭蕉代表著少女時代的愛。

窗外，鄰居的庭園中，也種著充滿詩意的芭蕉。

三、曇花

小時候，曇花是一種夢幻與珍奇，難得一見。

曇花的美，清新高雅，令人不敢逼視。

厚實碧綠的根莖，垂掉著一朵朵雪白的花，一層層的花瓣在月光下，緩緩展靨，嫩黃的蕊吐出醉人的清香，柔美高貴。

我很愛曇花，雖然它只在晚上開放。花的清麗、大方與高尚，給我永恆不忘的美感。

皎潔的月華，皓白的花朵，曇花是詩與夢的結合。

一朵朵曇花開放，編成一篇篇美的夢境。

清麗的曇花，像不食人間煙火的仙女。

曇花的美一如它的花香，細水長流。

自然之美三帖

一、晚霞

落日的晚霞，沒有想到是那樣的美好。李商隱說：「夕陽無限好，只是近黃昏。」有一股淒清之美。然而，那天，由室內步出，看到遠方的彩霞，是那麼美、那麼艷麗柔和，心裏有一股興奮，好久，沒有這麼美的感受，看一抹橘紅橙黃的霞光遠遠的鑲在天邊，一輪艷陽露出笑靨，藍的天，灰色的雲朵，襯托出整個大地是那麼弘敞寬大，美麗溫柔的感覺由心中昇起。

晚霞並非只淒美而已，雖然它的出現恍如曇花一現，然而，留住於心中的美的感受，卻是永恒的。

自然之美令人肅然起敬。

二、風

從小對風就不討厭，尤其是走在野地，看麥田隨風波浪起舞，微微的涼風陣陣拂面，感覺是溫馨的。

或者坐在車裡，打開車窗，任風在髮際間狂肆吹拂，有一種任性任情的舒適感。

風抓不住，卻強勁有力，那天從餐廳出來，爬著斜坡，迎面一陣強風，裹住了我的腳步，我笑著挺身向前行，有一股逆旅，但是衝破強風，步上山坡，那種征服感，是愉悅的。

風在秋冬的夜晚，呼嘯而出，一波一波如洶湧澎湃的海濤，聲音是淒厲的，令人升起衝出重圍的勇氣。

欣賞風的音樂，也有美的感受。

三、湖

我很喜歡湖，記得有人形容過歐陽修的文風彷彿湖水，給人柔靜感。

醉月湖，小小的、靜靜的，湖旁垂柳點飾，湖面水波粼粼，有小亭、有短橋、也有晚開的秋蓮紅、黃、白相間露出水面，荷葉田田，令人遐思片片。

湖是寧靜柔美的，像個典麗幽靜的美人。

想像高山中的湖，在晨起的早上，罩著一層濃濃的白霧，當陽光升起，霧散湖出，那種寧靜柔雅的美感，一定十分別致。

西湖，沒去過，然而，古人說她淡粧濃抹總相宜，她的美想必一如李後主詞，粗頭亂服亦是十分有韻。

自然之美是人類心靈的慰貼與泉源。

晚秋遐思三疊

一、油加利樹

油加利是一個美麗的樹名，它的外形粗糙而獷，樹皮層層疊起，小時候，有人告訴我，樹皮可以用來當橡皮擦使用，可惜效果不好，會弄黑紙面。

油加利有一個美麗的回憶：曾經有某個男性在樹皮上寫下「永生不渝」的誓言，所以，看到油加利，就有一種親切的感覺。

油加利，一棵夢幻的樹。

晨起，出外漫步，一棵棵油加利樹立在街的兩旁，有瘦弱、有粗獷，在秋風中挺然。

油加利，童年摯愛的夢。

二、大王椰子

我喜愛大王椰子，因為它是那麼挺拔蒼秀。

尤其，一排排的大王椰子，給人肅穆、高雅的安全感。挺直的樹幹，綴上迎風開展的葉片，大王椰子像煞秋風中，凜然而立的大地守護神。

南臺灣的大王椰子都種在大道兩旁，中北部的大王椰子，印象中，全在校園中看到，似乎象徵著一個個青青學子獨立的人格。

窗外，鄰家的庭院前也種有大大小小六棵大王椰子，在秋風中抽出嫩嫩的新芽。大王椰子，挺秀俊美的人格象徵。

三、松

我愛松，因為它青蒼翠綠，因為它在寒冷的天氣中，給人夢與希望的力量。

記得小時候，對松的印象是模模糊糊的，書本上說它「後凋於歲寒」，覺得很敬佩。

有一回，沿著長長的海岸，行車而過，海邊種著一棵棵蜿蜒盤屈的蒼松，是那麼蒼鬱，那麼如夢如幻，一朵一朵的松枝，像煞天上的朵雲，秀美極了。

大自然的松，一如古人的畫，在大地中挺然而立，帶給人夢與美的希望。

今晨，我出外散步，看到校園中，松枝朵朵，想到那美麗的海岸。像雲一樣的松，令人遐思片片。

暮秋三疊

一、省立美術館

坐落在臺中市立文化中心旁側的省立美術館，開館以來甚受矚目，三天前的清早，媽媽提議我去那裏走走，說可以強身，閒來無事，想這也是很好的運動與消遣。

走出家門，踏入五權路，迎面柳條招展，蒼翠碧綠，又有扶桑花，一朵朵，紅綠相映，才知道大道旁的柳樹長得甚是婀娜蓊翳。

省立美術館佔地廣闊，由正面進來的右側是一環開闢成綠地、廣場、小池塘、鵝卵石小道的小山坡，介一彎流水與文化中心的圖書館為鄰；左側規劃為停車場，後面為未整修的土丘。美術館的外觀看來沉穩大方，美中不足的是綠地已被市民踐踏成土丘，花木零落，垃圾觸目，即使是流水淙淙的小溪也有成堆的垃圾堆積，我看到立著「請走人行道」的路牌，也看到在綠地踐踏的市民，更有在停車場張帳欲求營業的小販，心中覺得可惜。

市民懂得利用參差的鵝卵石地來運動、散步強身，是一種可喜的現象，館方如果能加強綠地的保護、花木的照顧、整潔的維護，輔導市民維護環境，美化後面的土丘，使得美術館不僅館藏豐富，館展新鋭，庭園古木婆娑、綠意盎然，則必然是一處觀光、休閒的好去處。

臺中市能擁有這麼一片遼闊的美術館是臺中市市民的福氣，如何使它盡善盡美，不僅促進市民文化的提昇也可以爽心悦目、怡情養性，是我們的期望。

二、自然科學博物館

好幾年以前我就參觀過自然科學博物館，對於館方的設備與服務，煞為佩服，認為是臺中市市民，尤其是小朋友暇日休閒與求知的好地方。

前幾天與弟妹恩華再去訪友，看到他們為市民所做的文化服務之策劃，甚為贊同，如果真能有計畫地，一系列一系列，介紹我們的本土文化，使一般民眾在娛樂、觀賞之中，得到文化、知識的陶冶，博物館的功能自能發揮得淋漓盡致，如何寓教於樂，是日後推展文化事業者所共同追尋的目標。

自然科學博物館是小朋友求知、娛樂的好地方。

三、靜宜學院

靜宜文理學院遷移到沙鹿，已經進入第二年，學校的環境雖然不是完全建設好，卻也頗具規模，尤其花木的種植、綠地的維護，極為成功，黃昏的時候，漫步其間、涼風拂面、晚霞滿天，俯瞰沙鹿，點點燈火，一片靜謐寧馨。

蓋夏圖書館設備不亞於臺北市立中央圖書館，幽靜舒適，藏書也不輸於其他的公立或私立大學，是師生閱覽、看書的好場所。

靜園與宜園西餐廳，乾淨、整潔，供應的食品價廉物美，種類繁多，瓜果琳瑯滿目，為離家遊子提供很好的服務。

文學院大樓的中庭，有花圃、園圃、池塘，與校園中的廣場，都是同學們散步、聊天的休憩地。

運動場美輪美奐，體育館、游泳池加蓋起來，師生們活動的空間又擴大了。

幽靜、舒適、美麗的環境，為師生們平添無窮的希望。

彩虹的午後

——爲芬妹作

窗外濛濛細雨，街道上行人稀疏，日式房舍的庭園，草木青蒼、翠綠，假山細水潺潺；陽臺上蘭草抽出一根嫩嫩的花莖，開出三朵蓓蕾，散著淡淡的幽香；種了廿年的老樹，依然如前地開出一樹燦爛的小紅花，西洋杜鵑吐出粉紅嬌嫩的花朵，室內靜悄悄，遠方的天空放出一道彩虹，紅、橙、黃、綠、藍、紫，拱形的橋，煞是美麗，我細細的凝望。

在這彩虹的午後，我心已歸清澄、平和。

遠遠地，有樂聲緩緩昇起，天空灰濛濛，雨絲不斷，在雨網中，在闊葉樹下，天真無邪的少女，懷著無限的憧憬，織著美麗爽朗的夢幻。

童稚的笑聲，在夢中升起，故鄉的芭樂樹上，是誰踩過的足跡，那古老的井，冷冽的井水，又曾洗出多少人的夢？

紅色的磚、灰色的石塊，砌成多少人對未來的盼望？大榕樹上，刻著老祖母殷殷教誨的期望。

在這彩虹的午後，我心已歸充實、朗暢。

雨絲不斷、鋼琴聲也不斷，天真無邪的少女已成熟長大，歷經人世間的悲歡離合，還它一片清澄的淨土；麵包樹下，有新的種子掉落；銀杏樹開出一片碧綠幻影，新的街道、新的土地、新的房舍、新的希望；抖落一地的繁華，迎向人生的旅程。

稚子的情懷，中年的希望。

在這彩虹的午後，我心已歸寧靜、安詳。

窗外有彩虹散著美麗的笑靨。

遠方的遊子，是否安好？

盛夏之憶

一、失落

遠遠地，汽笛的響聲依稀……，

黑漆漆的煙影，帶走多少企盼？而今那深沉的步伐載走多少歡樂？多少愁惱？

那不知名的樹，依然青翠茁壯，送走了一代代的人兒，黌牆外，天真的、鮮嫩的、成熟的、衰老的，一列列如影兒忙亂，黌牆內，只有你依然無恙……。

曾知否？那發黃的葉片曾是你蒼綠身軀的一部份。哦！別笑！別笑！鳳凰花再開，已不是去年失落的那朵。去年哪！那綠色的影子，追逐著蝶兒，飛翔！

那倩影依稀，嘻笑如常……。

步履依稀，茉莉的香味伴著徘徊，也許景物已非，但這一切，在我永遠是一樣，一棵椰子、一棵鳳凰，永遠是一樣，我記得那樓房，本來棲息著一群金絲鳥。永遠是一樣！回憶在這一片光彩……。

二、存在

這一回我眺望窗外，兩棵墨色的大樹佇立著，夕陽的餘暉透過了濃密的枝葉，我臉上蒙了一層層金光，感受那帶些微刺的柔和。

這向晚的七月天，我仍可聽到微風的呢喃；除了樹影的顫動，一切顯得和祥靜默。偶爾，殷紅的天邊，劃過一道黑影，消失於遠方的茂林，那是遲歸失群的鳥兒尋找它底歸宿。

靜的凝望，像詩般美好。

靜的凝望，我底心已歸澄清、平和。

三、無我

自然之外尚有超自然，現實之外別有洞天，我們除了用胃囊去吸收養料，同時心靈還希冀永恒。如果人除了吃飯，就只知道傳續下一代，豈不只剩了禽獸的本能？人的靈魂是屬於理想界的永美，所以不能被現實所滿足。

修煉我們的靈魂，使它美麗，並且瞭解美麗。

人是介於靈與物的世界，除非你的靈魂死亡，不然只有無我無他，才會找到永生和完美，是不？

四、成長

回憶那一年的初秋，收拾起學生的心情，邁入為人師的學府，教室有一半尚在興工，學生的影子，東一點、西一點，緊附著你。

那年的中秋在匆促中過去，暮秋也早已了無痕跡。

母親隨手遞給我一件寒衣，冷風促使我，瞧一瞧我的學校，才知道一窪窪土堆已化成一畦畦花圃。新綠的樹苗在涼風中顫抖。

初為人師，學生與教課就繞得你團團轉，轉得你不知還有外界？朋友來信，抖大的四個字：「你在那裏？」

我踏著校園四周的青草地，又見水田片片，在那稻禾熟了又綠的時節，我就在一片田野裏。

週末休閒三章

一、歷史博物館

近幾年國立歷史博物館收藏許多大陸新出土的古代文物，加上原有的藏品，唐三彩以及彩陶的收藏，可謂獨步。今天展出的幾件唐三彩，無論駱駝、馬或人俑、鎮墓獸皆極完整，彩陶方面幾件舞俑，極為罕見，但並非箇中上品，造型肥胖的唐代女俑是稀品，然而，我獨喜愛一尊高髻、高腰、波斯裝扮的人俑，秀麗、高貴而且細緻。

樓上展出故宮書畫處長吳平先生的書畫篆刻展，吳先生的畫展展現中國文人畫家以書畫寄託感情的趣味，設色單純、造型結構新穎，題材與筆墨不脫傳統的限制，然而，整幅畫所表現的清新精神，即是個人風格情操的再現，中國文人畫以書畫寄情，人品的高潔是繪畫精神的重心，書畫的清新雅緻，顯現畫家清新自然的有情世界，在這一方面，吳先生的表現是極成功的。

二、賈又福水墨畫

座落在東門町鬧區的雄獅畫廊于昨天展出大陸年輕畫家賈又福的水墨個展，賈又福是李可染的高足，以一大片一大片的水墨來表現雄偉的山勢，師生的精神是相通而且成功的，賈又福與李可染的不同，在於李可染的畫風，展現大陸的山水風光與田園生活的情趣，以表現題材內容而言，李可染的畫，寫生的精神重於個人感情的表達；而賈又福以水墨表現個人抒情的意趣，以太行山系列而言，他所表現的不是太行山的雄偉氣勢，而是畫家對自然關照的特殊情懷的表現，以此觀之，賈又福的水墨畫拋棄傳統中國畫線條美的表現，純以水墨展現個人的抒情意象，是極現代的中國水墨抽象畫，以他的畫與趙無極、莊喆的現代抽象藝術畫並讀，會發現其中有極相通的中國人文情愫，雖然表現工具不同，一以中國水墨表現，一以西方原料色彩表現。

三、計程車司機

許多年以來，臺北市的交通與計程車司機的素質，一直是大家關切而又頭痛的問題；最近由於新任市長的魄力，交通問題顯出有改善的希望，其實我也曾經遇到幾個很有水準的計程車司機，有的將車子保養整理得很乾淨，有的輕放極有水準的古典音樂，有的開車不亂撞，態度斯文有禮，守秩序。不僅是計程車司機，其實是社會上的每一個人，不要只在金錢上，你爭我奪，而能重視社會秩序、社會道德、社會品味，不只交通問題會改善，整個社會問題，自然環境都會跟著改善。

週末休閒，窗外傳來簫聲、鋼琴聲，這是一個極悠閑舒適的午後。

閒居三疊

一、家居

閒居在家心情非常恬適，家整理得很乾淨，陽臺的草木由於幾天來西北雨的滋潤，一片翠綠而豐潤。鄰居的九重葛開出燦爛的花，兒童在巷道上嬉戲，天空蔚藍，一切顯得寧馨。

家中新添一些珍玩，明代青花瓷、天目花瓶、漢代陶俑、元代瓷、宋代白瓷罐、大大小小的彩陶，其中最特殊的有漢代綠釉羽觴——碧綠如翡翠，唐代鎮墓獸——雄姿飛揚，賞玩先民留下的藝術品，倍覺珍貴。

聆聽音樂也是家居生活中的一大享受，特別喜愛由萬國博覽會買回來的一張百鳥齊鳴的電子音樂，還有流水淙淙的海韻——將各種水聲表現得淋漓盡致。

家居的日子，逛街也是生活的一大樂趣，看書、買菜、逛百貨店，體會社會生活，享受文化的滋潤，看看形形色色的人，在這其中，自有我在。

到圖書館看書，也是閒居時極好的生活方式，中央圖書館，設備新穎，藏書豐富，是一座永遠挖不完的寶藏，尤其一樓的餐廳，衛生而雅致，替愛看書的人，提供很方便的服務。

家居生活優游自在，恍如人間仙境。

二、故宮

很久沒有到故宮參觀，前幾天突然興起一遊的雅興，看到日人新集田提供的金銅佛像展，這一次的展出有中國由漢至明，代表歷代風格的佛雕，除此之外包涵東南亞各地的佛像藝術，琳瑯滿目，擺在一樓前廳的幾尊明代大型佛雕，刻工細膩，寶相莊嚴，令人看了異常感動，其中一座半跏思惟像，勾起了我的回憶，佛教文化在中國，淵遠流長，但是引起我的注意，在十多年前第一次遊日本，由東京市立博物館展出的大東洋佛像展，那次展出是世界性的，將佛像的起源與發展，東西橫貫，表現細膩而完美，其後，我參觀日本的寺院，注意到半跏思惟像的莊嚴美麗，異常喜愛，這一次，看到在中國，由漢魏至明都有半跏思惟像的作品，中日兩相比較，在中國的半跏思惟像與一般菩薩造型相同，表現中國佛像之美的統一性，日本則融合日本的文化，顯現簡括素樸的美感。

三、陳姐姐

夏生姊是我最佩服的中國典型的年輕女性，她堅強積極而向上，侍奉公婆極孝順，與兄嫂妯娌相處和諧，尤其令我欽佩的在於她不斷的學習與求知慾，記得她賦閒在家時，每天早上四時就起來打中國結，由於她的努力與創作，中國結成為現代社會普遍發展的一門民俗藝術，中外的許多年輕婦女都跟著她學習，之後，她進入故宮服務，掌管珍玩的部門，對歷代服飾文化與寶石鑑賞，器物雜玩都很精通。

除了對於古典藝術的鑽研，她的生活極現代化，打球，使用現代化器物，教育子女，表現開明朗爽的性格，傳統文化的薰陶使她成為令人敬愛的中國新女性。

傳統文化是滋潤我們生命豐沛的泉源，文化的修養與學習努力提昇女性平凡的生命價值。

也看老井

二、三十年前，大陸對生長在臺灣的青少年是一個神秘的地方，由於對中國的好奇，我選擇了中文系，今天時局開放，大陸已經不再是個神秘的名詞，我們已可以由各種管道來了解中國。看「老井」，彷彿就在看古老中國這個民族現在的狀況。

老井的藝術成就與水準，已有日本人及顏元叔先生為這部影片詮釋，看過顏文的讀者，想已了然，我們就不再討論，本文想談的是由這部影片所表露的中國人的民族性以及所揭示的人民生活現況。

中國是個苦難的民族，由影片所表現的，比起臺灣現今的人民生活水準，大陸人民的生活依然是苦難的，尤其在整個影片的處理來講，顏元叔先生說老井在敘述一個深沉的人生，我看這個人生是苦的，不僅大的整個老井村的人民生活困苦，為了鑿井，世世困守山村，連電視都無法看，女主角在影片中的一句話「老祖宗瞎了眼，把咱村安在這。」環境是困厄的，女主角最後悄然離去，然而，男主角以及整個村莊的人不同，他們留守在原地，沉默、無畏地生活下去。這種默默接受現實的宿命態度，是整個影片的靈魂，也是古老中國的民族性，也使得整個影片顯得深沉而有張力。這個精神在男主角身上整個凸顯出來，影片一開始描述男主角與女主角相知相愛的場面，卻靜靜地穿插一幕女配角抱著小孩暗中細視男主角的鏡頭，做了整個故事情節變化的伏筆，於是男主角在現實的演變下，從私奔受阻、父親去世，沉默地接受現實與女配角成婚，男主角默然接下他的一生，無怨無悔，其間雖然有二次反叛，一次是與女配角的母親衝突，憤然欲去；一次是與女主角在落難的井中發生性關係，卻因為女配角懷孕有子與現實而默默回到女配角身邊。愛情在現實環境的重壓下，變得軟弱無力。

影片中顯示出來的另一個民族性，是愚公移山的精神。如果說貫串整個影片的是宿命的現實，振奮整個影片的就在人民對井水的盼望，這種盼望，帶出一種希望，一種對未來的憧憬，生命的期待，這種精神，表現在男主角的祖父身上，由他在吃飯喝酒時，對男主角講的話看出來，後來再由村中的書記申述，最後以女配角的口，再加以肯定，「若是再打不出水，大家也別說那些要離開村子的氣話，幾百年了，有誰走出去了，如果我們這輩子不行，還有下一輩的。」老祖父不讓男主角私奔，就為的要男主角替大家打下一個有水的井來，書記請求男主角為村子定井位，將老井村追求井水的期盼，表現到極致，井是大家的盼望，所以，未來的孩子取的名字是井，男主角的名字叫旺泉，老祖父對男主角說的一席話，就像愚公，期待一代一代把山鑿平，不同的是，老祖父希望孩子打出水來，帶著希望的宿命，這樣的人生才有意義，這個影片的動人也在這個地方。男主角是宿命的象徵也是全村人民希望的象徵。而最後，他也為村子實現了希望。

夏日組曲

一、矢野太太

郵差送來矢野太太由京都寄來的短歌集，雅緻的封面設計就像日本傳統的風味——柔美，手捧著這一本遠道而來的歌集，心中不由得一陣興奮，十年了，離開京都已然十年，當初與矢野太太遊三千院，因為看到庭院中的石塊蹲了一隻黑貓，所興起而吟咏的短歌，促使矢野太太學做短歌的興趣；沒想到如今她已經成為有書出版的作家，使我對矢野太太的敬意，再度升起。

第一次看到矢野太太就非常佩服及喜愛她，她不但溫柔、熱情、開朗而且學習力強，從她身上我看到日本女性的強韌與積極，她每天做完家事之餘，開車到店裡幫助丈夫雕刻，夫婦經常工作到晚上九點，家裏還有一兒一女需要她照顧，然而她在相夫教子之外，練得一手好毛筆字，十年前，我就是看到她一筆揮成的黃庭堅，油然生敬，如今她果然又出了一本歌集，日本女性的好學不輟，不斷美化生活的精神，是我們很好的榜樣。

二、午後

這幾天每日午後必下一場大雨，當大雨過後，我喜愛打開窗户，看清新的屋宇以及四周的林木，雨後的午後，格外地涼快清幽。

由臥室的窗外望去，和平東路的車輛熙來攘往，撐著各色花傘的行人匆匆而行；路旁的日式房舍透出一道昏黃的燈光，襯著後院的水池與石子路，在綠葉盎然中，透出靜謐溫馨。

陽臺被雨水洗刷得極乾淨，花架上的盆栽由於雨水的滋潤，一株株如生龍活虎，清新耀眼。對面的桃樹，結實纍纍，一顆顆桃子在雨後顯得翠綠；麵包葉像花一樣展葉而笑，枝頭上結著一粒粒嫩黃的果實。

往巷口望去，一片綠油油，尤其在冬天枯乾了的兩棵銀杏，就在這一陣雨後，我才發現它們已經恢復生機，又是一樹綠意盎然。

我聽著音樂，享受著午後的清涼與閒適，或研池磨墨，練一回字，寫一首詩；或翻閱書冊，畫一幅畫；或伏案寫作；倦了，就坐到躺椅裡，靜靜地默想。

窗外的椰子樹抽出一根長長的心，嫩黃地。

春曲四疊

一、迎春

春天其實是在春節前就來了，春雨霏霏，小園中的落葉木——壽娘子，楓都吐出點點細芽，預報春到人間。

迎春的腳步，在南下的原野中顯現，南臺灣的風和日麗與北部的綿綿細細，迥然別異。

春天，在臺灣，在歡笑的漁民、農人的臉上，我們走過旗津的窄巷，走過中洲，越過過港隧道，卻瞧不盡歡樂的人們的笑靨，路上有人，海邊有人，明媚的西子灣畔，山上山下也有絡繹不絕的人群。

春天的南臺灣是嫵媚的，我坐在英國使館的殘垣上，對著海，迎著海風，覺得無比的舒暢。西子灣嶄新的堤岸，高雄港弧線優美的海防，天顯得那麼亮麗，春節的人們在喜悅中，享受著澎湃、雄闊、和煦的海風。

漁夫加富為了小學同學的到訪，準備了新鮮的螃蟹，花三個小時釣得的魚，為同學助興，小店中的淺酌，木屋中的等待，處處流露在地人的熱情與樸拙。

坐渡船回到家，一家其樂融融。在這個我們生長的土地上，愛流露在人們臉上，歡笑地迎接春天。

二、鴿子

記憶中有鴿子，是在初中時代，那一年暑假，同學張寄給我一封信，稱我為鴿子，她說鴿子代表和平。次年寒假，她又寄上一封寫著詩的信，詩上說鴿子寄來友情。

其實，在我更小的年紀，鴿子真正代表友情，那是蕭老師養的鴿子，它伴我渡過快樂的童年。

長大以後，我很少見到鴿子。除了到日本時，在東寺的廟宇下，成群的鴿子，飛上、飛下，徜徉在草地上啄食，群飛在天際。

沒想到年前，樓下的鄰居在後園大興土木，不久，一層層的木樓被蓋起，我才在納悶，一群胖嘟嘟的鴿子出現了。起先我很高興，看他們咕咕咕地細聲對語，閒閒地停在黑色的瓦上，頗為敦厚老實，圓圓的眼睛也蠻逗人喜愛。

不幸，小園中的萬年青首先遭殃，只要嫩芽一吐，馬上被啄食精光，美麗的枝葉，一霎時成為光禿禿。接著陽臺上、花盆上，到處是鴿屎，我早上洗刷乾淨，出外一回家，一看又是到處一片，怕得只想投降，沒辦法只好向老媽求救，媽媽教我以鴿屎當花肥，我恍然大悟，萬物必有其用。

鴿子不知道我的苦惱，照樣每天飛到後園的陽臺，一隻隻肥嘟嘟的，我忽然想問張，它像我嗎？

三、慎獨

小時候讀過勸人要慎獨的文章，不甚了然。這幾天獨居一室，才知道孤獨的滋味，真是可怕。其實，像現在我靜靜地一個人在屋子裏寫文章，感覺頗好的，什麼四壁圖書中有我，大概就是這個味道。外面急馳的車聲、肉粽的叫聲，反而，只不過是大地中的插曲。

孤獨是幸福的。可是，我怎麼想到慎獨呢？

獨處的時候覺得寂寞，就會有無邊無際的惶恐，於是心無法平靜，這樣也不對，那樣也不行，本來好好的坐在桌子旁讀書，書也看不下去了，音樂喪失了引力，這個時候，如果沒有慧根，真不知道會做出什麼決定來。幸好母親從小就教我，惶惑的時候，更要謹慎。

所以雖然我還會有迷惑的時候，但是我依然很愉快地一天迎接著一天，獨處反而給我更開闊的思想空間。

我忽然想起去年我寫的寂靜之美，經過一年，同樣的獨處，我卻有不同的感受。

四、忘年

忘年之交是很美的事情。記得莊慕陵老師還在世時，他和幾位年紀比他輕的先生舉行忘年書展，以書法會友，帶給他晚年無可比擬的歡笑。

這幾年我跟學生們，跟年輕的朋友們在一起也享受了忘年之樂。同學們三五成群地到家裏來，喝喝茶，小酌片刻，聽音樂，笑語寒喧，或是一起欣賞錄影帶，為片中的摯情歡笑或流淚，時間一下子就過去了，歡笑卻留在我們心中。

忘年之樂樂無窮，我很感謝莊老師，在他生時我們有幸與他共享許多美好的時光，共食獵八粥、過年、端午、中秋賞月、重九登高，喝酒的快樂，爬山的歡笑，把酒揮毫的達觀與自信，真切地留給我們為人師的可敬可愛的形象。

今天我與年輕的朋友在一起，使我想起莊老師大筆揮毫下的忘年。

迎新年

這幾天臺灣北部冷峰面過境，天氣異常寒凍，坐在四樓的屋裡，手腳都冰冰的，而且屋外微雨，雖然如此，早春的信息依然來到，陽臺上不知名的花兒，含苞吐信，展靨而笑，萬年青吐出新芽，對面的老樹亦長出嫩綠的新葉，是暮冬，也是初春的時候，現在，離開農曆新年，還將近半個月，但是，新春的喜悅，卻早早地出現在我心中。

去年，我指的是一九八七年的歲尾，我的運氣不佳，身罹重病，無法工作讀書，只能靜靜躺在家裡，許多原來指望做的工作，只有停擺，幸好，修建中的房子，完工了，帶著一份期盼與欣喜，動手佈置了新家，從一桌一椅，一個鐵釘，一張字畫，把家佈置得很舒適，為病中增添一份生氣，心情頓時開朗，於是呼朋引伴，計劃趁春節前，好好先迎個新年。

新年，中國古老傳統，除舊佈新的開始，對於我來說更具意義，我要抖散屯積幾年的老病痛，忘懷地重新生活，病使人消極、畏縮，健康，使我們朗暢、勇敢，心理的健康終止了生理上的病痛，使我們充滿自信地生存下去。像那顫抖的株株嫩芽，迎著冷風，報訊——春來到。為了表達生命的喜悅，我到花市，買了兩對金魚，以及一切應用的「道具」——金魚缸、塑膠管、小馬達、魚餌等等，把它擺在屋中的一角，後面襯著古老的大花缸以及紅花滿枝的桃枝，屋裡的氣氛頓時活潑起來，打水聲稍嫌吵雜，卻遮掩不住水中魚兒相嬉，自得其樂的喜悅。黑色的一對靈巧而且調皮，整個身子在水中不停地擺動，金黃色的一對比較斯文，悠哉悠哉的戲水，遠遠望去，紅黑相映，煞是好看。

金魚給屋裡帶來一股生氣，亦象徵著中國傳統中的吉祥氣氛——年年有魚，一舉數得，何樂不為？難怪，賣金魚的那位先生，二十年樂此不疲。

蹺腳，倚在籐椅裏，聽樓上傳下來的音樂，欣賞著屋中的擺設——小豬、福虎、羽觴、黑陶碗、青蛙，看著壁上的字畫，許多年前莊老師帶我們在希爾頓寫春聯，開懷暢飲的往事，又回到心中，那時候是多麼快樂和健康；李老師、吳老師在世的時候，我們正青春年少，春節是揮霍著消逝，如今看著他們留下來的字畫，他們的一言一語，一點一滴回憶，活絡了我的心，比起當年的老師，我依然只是個孩子，老師們的達觀和自信，是迎接新年，最好的獻禮，我這樣想著。

電話鈴響了，是去年教的文學概論的學生，她們關心我的病，用電話捎來了問訊，我想起釘在書架上的一對春字與一對紅黑蝴蝶，也是學生早上寄到的新年賀禮，誰說春寒料峭？我卻感到絲絲溫情，溫暖了我們的心。

迎新年！春到人間。

雅言三章

之一——吾與點也

吾與點也，這句話是孔子向子路、曾皙、冉有、公西華問志後，說的話。點就是皙，他回答孔子的問話，說只喜歡在暮春天氣，穿著春服，帶著五六個知心朋友，六七個小孩，到河裏沖個澡，在水邊上臨風舞蹈，歌唱著回家。「浴乎沂」是古代曲水流觴，修褉雅集的風俗源頭，是文人追求情趣生活的雅興之一。

曾皙說出中國人喜愛自然的胸懷，揭露中國人追求情趣生活的心聲，這種忘懷於自然與天地合的志向，連孔子也悠然神往。

自然是保育人類的母親，人也是養護自然的孩童，自然與人類是息息相關相輔相成的；如果人類希望生長在一個碧綠蒼翠、綠波萬頃、白浪濤天、山明水秀的環境中，就需要付出養護自然的代價。

今天，環繞臺灣海島的海水浴場，有幾個能真正令遊客享受「浴乎沂、風乎舞雩，詠而歸。」的樂趣，海水的污染，人為的髒亂，損害大自然景觀，破壞旅人的心情，如何建設一個白壁無瑕的自然環境，實在刻不容緩。

中國人追求生活情趣與自然為伍的情懷，表現的淋漓盡致的是陶淵明，他不僅不為五斗米折腰，而且酷愛田園生活的心聲，舉世共知。

其後王維，孟浩然步隨，兩宋以後，喜愛田園自然的心聲，隨著時代的腳步，流入文人畫家的生活裏，元趙孟頫到處雲山是我師的創作觀，為明代的董其昌開啓了創作的不二法門。

清代鄭板橋以竹石寫心，以竹石詠喻大自然，生活的空間縮小了，而大自然的尺幅，卻盡在他的手中、心中；這是中國人生活情趣的一大轉移。

大自然被安排在生活裏，咫尺抵萬丈，不必浪跡天涯，就可抵掌神遊的樂趣，恐怕不是孔子與曾點所可想像到的。

之二——富貴於我如浮雲

論語述而篇，孔子說：「不義而富且貴，於我如浮雲。」富貴是人類生活追求的目標之一，但是孔子說不應當得的富貴，視它如過眼煙雲。

現在有幾個人能真正體會到孔子的襟懷？孔子是一個極入世的人，他的哲學是異常實用的。

記得陳之藩在劍河倒影第一篇談到他初到劍橋，看到英國科學家李約瑟，花畢生研究中國的科學史，結論中國科學所以發達，由於實用；而引起李約瑟盡其一生奉獻給中國科學史的研究，是因為好奇。陳之藩最後歎息著說，如今要培養一個中國人為了好奇去從事一生的研究，恐怕不容易。

中國的民族性入世積極而且實際，然而在這樣積極現實的人生觀中，也有所不取、有所不為；孔子的富貴於我如浮雲，即是。

人類要用什麼樣的態度來求生存，是每個人的自由。但是，做為一個人必須有人的尊嚴與做人的原則；如果為了富貴，可以無所不為，可以毫無道德尺寸、社會價值標準，這個社會就會漫無紀律，人人為所欲為，毫無法紀，是異常可怕的。

所以，孔子說不義而富貴，於我如浮雲。這就是一種道德標準，一個社會的價值尺寸。在今天，依然是適用的。

之三——解衣般礴

莊子．田子方篇記載宋元君準備要畫史為他畫一幅圖畫，所有的畫史都到，與宋元君行禮如儀；只有一個畫史後至，受揖不立，從容不迫的走進畫室，解開衣裳箕坐，準備畫畫，宋元君讚美他，是一個真正的畫師。

解衣般礴代表畫畫的氣度，當我們從事某種藝術創作時，常需要凝神默想，專注到忘我的境界，就是最後這個畫史所表現的情態。

專注於工作、專注於讀書、專注於你所從事的每一行業，如此，才能求取盡善盡美的成果；莊子這一則寓言，揭示藝術追求的最高標的，忘我的境界，也就是凝神專注的精神。

當我們從事某種工作時，別忘記，要有解衣般礴的胸懷。

讀書隨筆

盛暑，窗外蟬聲四鳴，晨起，涼風徐徐，展卷閱讀，看幾則有趣的故事，隨手札記於后：

梁高僧傳記載晉朝慧嵬禪師戒行澄潔，有一回居於山谷修禪定之業，有一無頭鬼出現，嵬神色不變，很自然地對鬼說：「你無頭便沒有頭痛的毛病，多痛快。」鬼便隱形不見，又化作無腹鬼來，可是有手和腳，嵬說：「你既然沒有肚子，便沒有五臟的憂煩，多愜意。」不久，鬼又化作各種奇怪的形狀出現，嵬都輕鬆地打發它們，最後，有一個女子來要求寄宿，姿態嬌媚柔雅，自稱是天上神女，因為禪師有德行，天帝派遣她來奉慰。想要打動禪師，嵬志節堅貞，對女子說：「我心已如死灰，你不必用美色打動我。」女子就凌雲而逝。

人有時會遇到外來的干擾，但是無論是妖魔鬼怪，或是仙女妖姬，只要自己心志堅定，自然不為所動，也就能化險為夷。因此，心志的貞堅平和顯得多麼重要。

寧親化予二十歲時，母親六十歲，由於年輕時努力紡織，飲食失時，常常生病，晚年生疽瘡於臂，起先信任巫醫的方法治療，一個多月依然枉效，化予整天不離左右地服侍她，一刻也不得休息，最後無計可施，於是替母親吮疽，吮出許多大膿血，病才稍為好轉，醫生說：「疽根附骨，不容易吸出。」過了三天，化予又吮病處，忽然覺得口中充滿東西，吐出來，一看，有膜好像綿纊，膿乳有如米粒；母親才逐漸覺得舒服，但是，因為病得太久，雖然病體已稍為恢復，卻轉成衰弱症，醫生說：「這是痼疾，必須以人補人，才可以恢復體力。」化予因此到了晚上，用刀割下自己大腿的肉，煮熟餵母親，此時，忽然空中出現人語：「上天因你純孝，延長你母親二十年的生命。」第二天，沒有用藥，母親竟然病好如初。

這一則故事雖然有神話色彩，但是，表現人倫之孝心，確實動人，所謂孝感動天，不論有無，孝順是人間美行，做子女的，應該不忘才是。

稽神錄記載江西村中雷震，一個老婦人被電火所燒，有一隻手臂全傷，不久，空中有聲說：「打錯了！」於是由空中墜下一個瓶子，瓶裏面有葉子好像藥膏，空中曰：「用它敷傷，立刻會好。」老婦人依照上天的話去做，隨敷隨好，全家人都說，這是神丹，想取下瓶子收藏，好幾個人一起去拿瓶子，但是卻拿不動，不久，又有雷雨，將瓶子攝走；又有一個村人被震死，空中也有聲說：「打錯了！趕快取蚯蚓擣爛敷在臍帶口就會好。」照上天的話去做，村人立刻甦活過來。

這一則全是神話，但是也啓示人不要貪心。

春語二三

一、殘障小姐

前些日子，風和日暖初春天氣，我搭乘零東巴士到仁愛路，等車時候，看到一位殘障年輕小姐，一臉自信與纖柔神情，使得她原本秀麗臉龐，多出一份光彩，我覺得很驚訝，她穿著得體，顯出搭配清新、時髦的新潮，卻不失溫婉、大方，微瘸的右腳，站得很直，靜止的時候，妳不仔細留意，會以為她是一位正常的美麗少女。是一位很美麗的少女，我心裏這樣想，也很贊佩她的勇氣，她的平和與秀美，打破我悲憐殘障同胞的舊看法，有這麼美麗的殘障小姐，她追求美的心，一如正常的一般少女，時髦的裝扮、得體的衣著，自信的、自然的表情，使一切不著痕跡地顯出一股雅致的秀美。

上車或下車，她都表現了伶俐、輕快、自然的舉止，這件事，使我悟到，人性的光輝是無限的，不論你形骸上有何缺陷，內心的美與信念，依然可以使你裝扮得美麗，只要你有心。

殘障小姐的信心與秀美，一直留在我腦海。

二、陌生小姐

禮拜一，天下著雨，是初春的微寒天氣，由於晚上請客，我打著傘上市場買菜，買完菜，買花，又拗不過服飾店老板的招呼，買了一件襯衫，走到麵包店，想起早餐尚無著落，又進去買了一瓶鮮奶，出來的時候，天沒下雨，於是大包、小包掛滿雙手，傘只好任其張著掛在手指頭，心想，所幸，只有百公尺的距離，就到巷口，一會兒就到家了，只有硬撐著往前走，走到票亭，榕樹下，迎面來了一位清秀的小姐，她快步向前到我面前說：「妳看起來好辛苦！我幫妳把傘收起來。」我笑著說：「買太多東西了！」她幫我收好傘也笑著離開。

一件小事，卻使我覺得無比溫馨和愉快。

三、讀史書

禮拜二上午，要來臺中前，去看一位老師。他聽說我過得非常愉快，很高興。勉勵我要讀史書，他說像資治通鑑，多讀一點，歷史的興衰、偉大人物都在裡面，讀史可以使人心胸開闊一點，不那麼現實。又說人要隨遇而安，雖然現代年輕人不斷找事，好像找到比本來好的，其實在一個地方呆久了，有久的好處。這使我想起莊慕陵先生，他生前最誇耀的一件事就是在故宮呆了四十五年，並以老宮人自居。

目前我們的社會崇尚美國風氣，年輕人喜歡換職業，其實像日本社會，講究從一而終，大學畢業生，一入社會，進入那個會社，可能一輩子就為這個公司效命至死，因此公司本身為吸引新血，自然有許多進修制度、福利制度、保障制度，公司的組織也力求健全進步，對我們這個變動率大、快速成長的社會也未嘗不是一個可供參考的方向？

我個人以為隨遇而安並不消極，反而，使我們更踏實地認清自己所處的環境，只要不斷自我追求，在自己的小天地裡，依然可以種出燦爛的花果。

生命之美

嚴寒之冬，老樹在蕭瑟中吐露新芽，我也祈望老衰中的外婆能在科技的醫藥灌輸中復活過來；看著蜷縮在病床上的老邁肢體，才真正意識到苟延殘喘的悲哀，昔日光鮮體面的外婆已不復再見，那只是一軀逐漸萎縮的生命，我想到年前耀眼的鬱金香，年後一朵朵衰敗的落紅，落紅不是無情物，化作春泥又護花，昏迷的外婆，呢喃的呼喊救救我，救救我，這是生命的呼喊，我眼眶不禁蓄滿淚水，人是微弱也無能的感覺蓄在我的胸中。

「大姑姑！我跳舞給妳看。」同行才滿六歲的小姪女，稚氣活潑地在走廊與病床邊穿梭，她不懂外婆怎麼了，只覺得好奇，「大姑姑，我們出來玩嘛！」我看著她稚情的笑靨與活潑，一方面覺得好美，一方面覺得有深深無奈的情懷，「小玘！我們來多看一眼阿祖（臺灣外曾祖母的稱呼），妳再不看一看阿祖，以後就看不見了。」「為什麼會看不見？」「阿祖以後會去天上了，就不在了。」「啊！我知道了，那是天堂！」小姪女快樂活潑的應著，然後又跑走了。我的眼淚不由自主的掉下來。

記得以前在京都的寺廟牆面上書寫著——生命是一種喜悅，看著受盡醫術折磨的外婆，我才意識到活著是多麼美好。

難怪佛陀看盡了人間的生老病死，終於有了一切開脫的大徹大悟，能活著就該珍惜我們的生命，做我們想要做的事。

上個禮拜五，下課後，我到超級市場去買一些點心，因為天氣微雨，計程車不好叫，我就拎著大包小包上了公車，車上人擠，我就近站在車門旁的支柱邊，過了一站有位婦人拍拍我，示意我坐在身後有人剛下車的空位上，素不相識的人，居然對我如此和藹，我看她衣著整齊，是個有教養的中年婦女，心中突然覺得好美，再下一站有男士帶著兩個女孩上車，我讓位請他們坐下，並對中年婦女道謝和再見，雖然素昧平生，相信我們心中都留下了美的感受。

人間到處有溫馨之美，只要我們勇於付出，我們也就有此感受。

年後，與兩位朋友共渡了一段很美的午後，我們一起坐在家中的雅室，享受午後甜美的陽光，一邊聽流水琤琮的樂音，一邊品茗、喝咖啡，談心，倦了又躺在佈置雅緻的榻榻米上聊天，在忙碌的現實中，可以說是享受了一道溫馨的點心；另一天，我在參加一個充滿友誼、感情的新書發表會後，獨自一人坐下來喝咖啡，會後，並到嫂嫂開的砡書坊吃好吃的炒飯，砡書坊的幽雅、鄉土，給人舒適的感受。

老女人

年輕就是美，相對的，年老一般而言會醜，但是，也有美麗的老女人。美麗的老女人，絕對是有智慧的女人。至少，她們對世事人生都有通透、開闊的包容力與觀察力。到目前為止，給我深刻印象的老女人有五位：

一、田伯母的媽媽

我不知道她是怎樣一個人，因為我只看過她年老時的照片，雙目炯炯有神、眉目慈祥。我認為她是個美麗的老女人，不是因為照片，而是因由她女兒對她的追憶。

我的母親是讀過書的大家小姐，為人非常敦厚，凡事都先替別人想，小時候，我不懂事，對丫頭耍小姐脾氣，我的母親看到了，她告訴我：「孩子！妳和她是一樣的，只是，她家裏窮沒法生活，她的父母才將她賣出來給人家當丫頭，妳應該同情她，不可以瞧不起人。」

「母親是個心胸寬厚的人，曾經有個窮困的人，為了三餐來投靠母親，母親總是熱情地招呼，佣人不以為然，母親告訴他們：『他要不是沒有辦法了，不會來投靠我們的，凡是有求於我們的，我們都要盡我們的力來幫助他，以免將來我們要去求別人家。』」

田伯母的媽媽最能表現大家閨秀的風範不只在慈悲的心懷，我以為在她寬宏大量的氣度。下面也是我聽來的故事。

有一年田伯母的爸爸迷上了青樓名妓，許多天都不回來，田伯母的媽媽於是坐上黃包車，直駛青樓，黃包車載她到門口，人走到門檻上，她回心一想：「不能進去，這一進去，叫他往後怎麼做人？」略一遲疑，她立刻叫車伕，掉回車頭，平心靜氣地回家。

二、俞伯母

認識俞伯母，大約在十一年前，那時候俞伯伯病很重，他們唯一的女兒已經嫁到國外不在身邊，俞伯母大約六十多歲，總是梳理得很整潔，一襲灰色的旗袍，光亮的鬈髮，安詳而開朗。那時候我就想，女人老了，還能夠保持這樣的氣度，也就夠了。

俞伯母總給人非常舒服俐落的感覺，我看她很耐心地陪伴俞伯伯，無微不至地照顧他，而她一直是朗朗爽爽的，不因為孤寂與老來有難而憂心，俞伯伯後來去世了，俞伯母也去了美國，但是她的溫婉朗暢，留給我一種美麗溫柔的感受。

三、弟弟的小學老師

弟弟的小學老師是臺中師專附小的老師，那也已經是二十年前的事，她曾經住在我們家附近，所以我常常看到她，鬈而短的頭髮，慈祥微笑的臉，像銀鈴一般好聽悅耳的國語。

我覺得她美麗是因為她的微笑和聲音，我已經不記得其他的細節了，但是一種有教養的、受過文化洗禮的溫柔親切是她吸引我注意的地方。

我向弟弟探聽，才知道她是北平人，原來，那麼好聽的國語就叫做京片子。

於是混合著對人的好奇，我開始對古老中國文化探索，這或許非任何人始料所及的，然而，在我長大以後，我終於又親炙到北平莊慕陵老師的親切與慈愛，北平的風華，泱泱大國的文化，古老中國的美，我們依然還尋找得到。

四、外曾祖母

外曾祖母是我最心儀、心動的老女人，那混雜著母親對她的懷念。她一生最愛母親，也照顧母親無微不至，我們家幾個小孩子，由襁褓中，就在外曾祖母的照拂下長大。

直至七十八歲，因為心臟病猝發，溘然而逝為止，外曾祖母總是給我敏捷有力、生氣蓬勃的感覺。

我至今還想不透，天底下真的有這樣好奇、活潑、充滿生命力的老女人。

在我的記憶裡，她總是一襲青布大褂、梳著光亮的唐山髻，眼睛炯炯有神、態度威嚴。我想，我讚美她的活力與堅強。

外祖父是個老實的讀書人，一生淡泊、奉公守法。外婆孝順靈巧、持家有道，外曾祖母很放心地把家交給外婆，每天到我們家來照顧外孫，幫母親養豬、洗衣服、種花。她源源不絕的生命力就在日常生活小節中湧現。

她原本是唐山的大家小姐，隨父母經商而來臺灣，不幸父母相繼去世，她的姊姊嫁給新竹羅家，她因為無父無母，只好隨便擇人而配，過普通人的生活，丈夫早亡，身世是很淒涼的，但是，我看不到一絲憂傷或怨懟，她總是那樣堅強，很有威嚴地微笑著，告訴我海的那邊就是唐山，那邊有她的故鄉。

五、外婆

小時候陪我長大的，除了母親，還有外曾祖母與外婆。外曾祖母會告訴我潛園的一石一磚都是由唐山運來的，外婆則告訴我虎姑婆、蛇郎君的童話故事。

我的外婆是個柔弱的女人，由於外公病逝、大舅父中年早逝，外婆看到我們總喜歡流淚，但是倔強的脾氣使她一直要陪伴著守寡的大舅媽，她八十多歲，還是每天梳理得整整齊齊。

外婆的美是在她的勤儉與持家有道，從我懂事起，我看到的外婆總是美麗的，她不僅把我們打扮得漂漂亮亮的，她自己更是一絲不苟，衣服洗燙得平平整整，鞋襪也是一塵不染。

經過她手上的東西總是保存十幾年而依然如新，她惜物如金，待人仁厚，家道整理得井井有條，她常常告訴我們，「吃人一斤也要還人家四兩。」「送人家的東西一定要最好的。」鄰里都很敬愛她。

我的母親也是個美麗的老女人，然而她與外曾祖母或外婆又不一樣，因為她隨著我們長大，思想也隨著與我們的溝通而改變，我以為，她比從前更美麗了。

而我也相信，我的母親以及更多的老女人會越來越美麗。

讀張大千畫

這是一幅張大千流落海外時畫的青綠潑墨山水，氣勢磅礴，畫面無一筆線條，全由點染而成，原蹟高一九六公分，寬一〇二公分，屬於這樣大的畫，全在渲染，畫家的胸次氣派可想而知。

難怪，張大千題跋有：「此幅，宋人有其雄奇無其溫潤，元人有其氣韵，無其博大，明清以來毋論矣！聞斯言者莫不莞爾而笑，愕然而驚。」自許如此之深。

讀這一幅畫，令我想起一些古代畫論，像李嗣真說的：「生動之意」，白居易談的：「不根而生，從意生。」、張彥遠提出的：「遠墨而五色具，謂之得意。」，以及歐陽修所言：「古畫畫意不畫形」等「得意忘象」，繪畫在求「神」的傳統理論。

有人持論張大千的畫，所以由傳統畫法一變而成潑墨，是受到外國風氣的影響，其實，求變創新的心理，是古今作家都有的，「畫雖狀形，主乎意」，我們由這幅畫了解到，這是明人王履提出的看法。

這幅畫所「主乎」的「意」，在它別有一番意趣，這個「意趣」就清人王昱談到的「意趣」、「別意」。我們拿它來與古代畫論相印證，莫不吻合。而明人岳正畫葡萄說有：「繪畫在意不在象，在韵不在巧。」豈不是指的這幅張大千的畫嗎？

古畫關於「意」的討論，在中國，自五代至清，即有一套自成系統的理論，我們在今人張大千的實作中，看到理論的實踐，豈不是一件令人興奮的事？也是值得有志於文化傳承的創作者深思的課題。

有關「意」的理論，在中國，不只畫家談論到，詩人也有持論的，例如：王昌齡詩格拈出「意境」二字，王國維進而敷演而成有名的「境界」說。然而，不論詩人或畫家都以為「清空」是詩畫的最高境界，我們讀張大千的畫，雖然用的是青綠，而給人正是清空一片的美感。

「清空」也就是司空圖所謂「不著一字，盡得風流」，亦即嚴羽滄浪詩話的「羚羊挂角、無跡可求。」以此觀之，畫家作畫全不用一絲線條來表現，也就不足為怪了。

張大千的畫，融合古代畫論與今人的創新精神，我們因此讀出許多哲思，令人迴索。

做個快樂的工作人

現代人的缺失是不敢敞開心來溝通，因此，造成許多人際上的障礙，倘若我們能夠與人分享自己的一切，讓對方進入自己的心靈深處，彼此互相擔代、互相提攜，在這交談的過程，我們就能分享到與他人擁有共通的理想、快樂和痛苦。曾經有個學者這樣說過：「如果你跟少數特定的人不能在關係上發展謙恭溫暖的情份，那麼你對大眾便不能有所貢獻。缺乏謙恭、溫暖的人際關係，人便活在虛妄的世界裏，那時人對權力的貪慾，以及死亡的懾服便沒有更強有力的力量——愛來壓制。對靈魂的健康而言，幫助一個人幸福實在比為全人類犧牲實際而有效得多。」

一個快樂的工作人，首先必要發展一種溫暖謙恭的人際關係，敞開自己的心靈，接納對方與對方真誠的交談。

有一位清華大學的副教授曾經很自豪地對我說：「清大所擁有的資料，必定會公開給所有需要的人來運用。」他那種自信滿滿、充滿自豪的愉悅。使我頓有所悟，原來，我們所深以為苦的人際障礙——勾心鬥角，皆起於自己對自己的缺乏信心，如果，一個健全的工作人，基本上對自己充滿信心，那麼，對於工作上的一切競爭，必然不會感到是一種壓力，即使有壓力，也會很有自信地予以化解，更不用説會用不正當的手段去打擊別人，樂在工作一書中有句話：「為了享受更多工作的樂趣，並與上司、同仁和部屬相處更加融洽，請記住這句箴言：對自己抱著最高的期許，也盼望別人能盡展長才。」

一個快樂的工作人，對自己、對工作必然充滿信心，有很高的期許。

現代人的生活很安定富裕，工作的機會也很多，所以應該提昇的是工作情緒，如何運用有效的時間發揮工作力，並達到心情愉快的目的，是我們所應該追求的。所謂精益求精，不只是產品的要求，也在求精神層面的美化，那麼不怕失敗，是一個快樂的工作人，必須具有的心理準備，不論是人際關係、工作上，我們都應該有勇於追求理想、不畏懼傷害的準備，把可能遇到的挫折，看成是一種必然的局面，但是，為了理想，我們全力以赴。克羅克説：「保持年輕，就能繼續成長，一旦成熟，便會開始凋零腐化。」不怕失敗，就是永遠具有一顆積極進取、勇於冒險犯難的心。

一個快樂的工作人，要永遠保有一顆年輕赤誠的心，當別人都放棄時你仍然堅持不懈。

閒·情

一、閒

完全地閒適下來時，心靈一片平靜，了無牽掛。沒有生活，沒有世俗，沒有人情。自己就是宇宙中的神，天地間的王，要怎麼樣就怎麼樣。不一定要有音樂，也不一定需要舞衣，只要悠悠閒閒自自在在，自由是很大的空間，任你遐思、任你徜徉。你可以奔馳在無垠的草原，海為風，天為蓬。你可以細細地漫步古厝迴廊間，品嘗古典的圖案，香樸的建築，亭臺樓閣，一草一木，還有那散發著古俗的瓦甕，一一令你尋思回想。離開古代，回落現代，你可以奔馳於現代化的建築中，與各類動物禽蟲，共享大自然的草原、山丘，在人為的規劃下，動物也能盡享天然，可惜，他們是否自在？是否令所有生物都能生存在它原有的環境裏，不要有動物園的設置，人類才能了解生命中真正的自在？我們充分利用土地，充分利用自然，但與萬物共享，這才是現代？

閒適的心情，心靈如一汪明鏡，通透清澈。廣遠開闊的草原，澄明的蒼穹，躍馬奔騰的歡樂。皚皚如銀的千年古木，盤踞的老樹，矗立於高寒的山巔，綠草如茵，蜷曲、舒展於其下，一如岸邊的柳條。山溪清冽，清澄見底，掬一口甘泉，沁入心脾。山路向前展延，沿著溪石，緜延千萬里。潔白的溪石，一如京都御所，高高圍牆下的細碎石子，潔白如十月的晴空，縹緲、寬闊。黑色的木條瓦片、白色的牆，生命是喜悅。山路延展著，越過山陵，越過海洋，又是一片天地。

閒，靜靜坐著。外面陽光傾瀉，有熱情的西洋歌曲傳來，是誰家小孩在忙裏偷閒？曲樂停了，屋簷下的小鳥啁啾。欣賞著周遭的一切，書架上有各式各樣的小擺飾，一對翠綠青蛙，是遠方的友人燒的；小虎、小熊、小土人都有它點點滴滴的來歷。三藏取經的土偶與十二生肖的壁飾相輝映；螃蟹造型的磁盤，古樸秀麗，蘭嶼的木碗，充滿拙趣；孔雀羽毛插在粗獷的大黑甕裏，古拙的安平壺插著粉紅秀緻的山茶花；牆上有聯語：「桃李春風一杯酒，江湖夜雨十年燈。」愛歐的畫鮮艷美麗，我靜靜地品讀清人畫的猿猴對月，卻看到遠遠的迴廊掛一幅日本扇面。

閒，是一片寧靜。壁上貼的蝙蝠，地上擺的盆景，桌上的大公雞藍磁碗，冰箱上的古瓶，件件都有它的歷史。記得在上塔悠的民舍間穿梭，發現了屬於民間的瓦甕。也是一種閒情，也是一種逸緻。為了搜尋民間藝術品，我曾經在落日下的民舍中徘徊。帶著如獲至寶的心情，我保存下來自民間的藝品。古舊的山林野舖，曾經有我的足跡。同樣的閒情，我在山上，拔野花、摘野草，下山來培養成一屋子的翠綠。鬱金香、野菊花、蝴蝶蘭、水仙，裝飾冬天成五彩繽紛的夏季。

閒，是心靈的平靜。人擁有一片淨土。心靈的淨土是休憩的草原。

二、情

冬，迎春，花市中菊花遍地，一片棗紅，一片金黃，怎可獨教它冷落，可惜春神不解意。久雨、逢霽，滿園春色，願珍惜，此花開後更無花，願愛惜，莫同桃李。

送你一卷合歡綵索，微笑地，殷勤致意，這一卷合歡綵索，不圖繫腕，圖繫人腸。

晚讀三國志，笑曹操、孫權、劉備，用盡心機，徒勞心力，只圖得三分天下，一片地。細細尋想，還不如劉伶聰明，天天酒醉。

人世間百歲人瑞，無多。少時癡騃，老年尫悴。只有中間，青春年少，卻怎忍為浮名浮利牽繫？名與利，問白髮，該當如何回避？

不怕雨打芭蕉，何妨吟嘯，輕輕徐行。球鞋、短褲，好風光，任細雨滴滴，輕掃大道。春天的風，春天的微雨，有早春的料峭，陽明山頭，斜斜迎照。回頭看，臺北盆地，煙雨絲絲，添幾許孤傲。

記得那一天我登山，南陽的瀑布，蘇澳的海港，難得開口歡笑，我年少，拈野花插滿頭，狂笑而歸。酒逢知己千杯少，酬佳節了。上山了，不用怨啼烏。古往今來誰不老？多少人，似我如此歡笑。

分別以來，親廬往事，長記心懷。找尋著記憶裏的繩索，點點滴滴。你我：絃斷相如綠綺琴，何時才能再相逢，鴛鴦一枕逍遙夜，細話初心。若問如今，也似當時著意深。

新春，四季的樂音滑落，你我四人團坐，王的心事，李的圓融，加上黃的關切，我品讀友誼的光芒，艷陽帶來和暖，咖啡點出芳香，四個女人，細訴衷腸。

下班了，圈個圍裙、蒸鱈魚、烤烏魚子、炒了青菜，倒杯葡萄酒，細細品嚐。帶朵山茶，仔細端詳，粉紅的山茶，朵朵像在微笑，那麼嬌柔，令人不忍觸摸，插在瓶上，傲視一隅。家的溫馨，由燭光流瀉，山茶似我：有情。

多情轉似無情，情，是千古的謎。斷送一生惟有情，破除萬事無過。有青山、有溪水，不飲清泉如酒。君莫笑，等閒愁，天下事，惟有情字難破。

五月

五月是生長的季節，花草樹木都在這個時節抽芽開花，首先園子裡的花木，一株株吐出新芽，長出花苞，落葉脫盡，新姿耀眼的一霎，你有了五月的驚喜，生之奧秘！其次，植物園裡的荷花池，一片片新荷搖立，一天一天新荷片片，間或夾著一株株早熟的芙蕖，黃色的睡蓮，悄悄地，靜靜開放，是那般溫柔、恬謐。

走在五月的清晨，走在五月的黃昏，大地一片溫馨。

最令人感到溫馨的是，五月的母親節。

心香一片遙寄給遠在異地的母親，長長的電話，傳來母親深長的、柔柔的關心，母親！母親！我愛你。

悸動的是突然的喜悅！校園裡，年輕的大孩子，悄悄獻出一束花香，告訴你！年輕的「媽媽」！我們愛你！

五月，沐浴在愛的懷抱裡！你付出也擷取。

五月燦爛的陽光將亮麗灑滿大地，溫柔的和風，輕輕地拂向臉際，尤其是朝陽下的淡水，在蔚藍的海洋下，吐納它一天的神秘！

我與三、兩同學，輕快地走在五月的淡水街道，靜靜的、樸實的小城，給人一種落實地愉悅，同學間的輕聲笑語，像撲在岸上細細的潮聲。

五月的淡江是美的化身，純純的風、點點翱翔的鷺鷥，四圍青翠蓊翳的綠，悄悄在訴說多少莘莘學子的心聲？

五月！淡水！八里！關渡！紅毛城！有我們愉悅的笑聲。

珍惜

對物有愛惜之情，無論是無情之物或有情之物都會給予我們無上的愉悅，比方小時候的舊相片，兒時的小卡片，少女時代的相思豆，一隻貓、一條小狗，為日常生活添上一份小小的情趣。

懂得珍惜的人，大化之中，萬物皆有情，像紅樓夢中的賈寶玉，他能情於不情之中，也就是一個對萬物充滿憐惜之情的人，能憐惜一把扇子，所以才能說出只能愉悅地去撕他，而不能憤怒地去糟蹋它，這樣至情的話。

記得小時候，外公就教我們要懂得惜物，不可糟蹋一張紙、一粒米，更遑論一朵花，一個小生命。因而，我們也享受了節儉樸素的美德。

因為愛惜東西，所以我們致富，在我們的生命過程之中，我們保有許多愉悅的、偶發的、令人珍惜的人際之情，在現實之中，我們保有許多令人賞心悅目的小玩意、書籍，這些有形、無形的東西，增添我們生活的情趣。

對不情之物有情，這樣深情的人，就更該懂得惜情，紅樓夢中的賈寶玉的痛苦，不在癡癲，而在不能惜情。能惜情就能知道如何用情，用情不氾濫，自然不生兒女私情之苦，也不會癡、也不會癲。

因而，珍惜是一件理智的感情，我們要了解紅樓夢是一部虛構的小說，如果賈寶玉不癡不癲，也就不會有感人深情的萬花世界了，這不是我們要談的。

只由於惜物而想到惜情，萬物之中，最逗人憐憫的是那些至情至性而遭遇慘痛之人，像林黛玉、像賈寶玉、像浮生六記中的沈三白與芸娘，還有古今中外許多賺人眼淚的至情故事。

假如我們能夠情於不情，而又懂得惜情。我們就能將情擰挪於掌中，而有蘇東坡深情的豪邁了，像他的江城子，悼亡，「多情應笑我，早生華髮」。行香子，丹陽寄述古，「情何限，處處消魂。」，泛金船的「無情流水，多情客。」采桑子：「多情多感仍多病，多景樓中，尊酒相逢，樂事回頭一笑空。」以至於定風波的「我看青山多嫵媚，料青山看我應如是。」的豁達了。

千古文人，最深情者莫如東坡，「年來自笑無情，何事猶有多情」（永遇樂），而他的出處、用情也是最令人無話可說、無懈可擊的。

既生為人，能不珍惜？

學車記

假期偶爾跟一位長輩談起在國外的同輩們幾乎都會開車，就這樣決定學車。開始的時候心理很緊張，尤其一坐到駕駛座上，心生畏懼，簡直不知道要怎麼樣才好。

學車的地方是臺北市立汽車駕駛訓練中心，地點在內湖，有山、有樹，也有很好的谷地，是個極理想的訓練場所。

學校裏的老師都非常親切、負責，課程也安排得有條不紊，這裡的特色是注重道德安全教育，我學的是自用車，機械原理、汽車原理、汽車的構造也能略知一、二，每一位任課的老師對汽車都可以說非常在行，教學熱情，師生之間其樂融融。

這一個半月，不只學車，而且體悟許多平日忽略的常理。

一、珍惜

汽車是日日常見的交通工具，沒有坐在駕駛座上不曉得開車的重要，車速是那樣快，機械如此靈活，全車的反應全看駕駛的操作，偶一不慎，就生危險，生命的可貴在這時候才真正的感覺到了。為了珍惜生命，因而就會珍惜車子，對於車子的保養，汽車的修護也起了重視的心理。每一組零件都牽繫著全車的安危，平時豈能疏忽？豈能不善加保養？

由於學開車，我更加體會到善待自己，珍惜的可貴。

二、膽大

車子要開得好，膽子要大，開車是分秒間的事情，一個轉彎、一個煞車，車子如果不動，開車的樂趣與好處就表現不出來了；膽子大、手腳靈活，動作就非常敏捷而俐落，車子控制得好，開車的弧線顯得直是畢直，曲是彎曲，非常優美。我以為學開車的快樂，莫過於此。記得初次會開車時，看著車身隨著馬路的曲線彎轉，心裏的歡快實在不是筆墨所能形容的。

開車使我的膽子變大了。

三、細心

開車要細心，動作要輕柔。以前從來沒有想過機械的東西是這麼神妙。關鍵處都是很柔滑的，只要輕輕一帶，輕輕一踩，車子就會開得很順暢。心很細，我們就可以體會機械與機械間微妙的關係，心細才能及早注意到車前、車後、車旁的路況，粗手粗腳學開車是不可以的，這糟蹋了開車的藝術。

四、平和

學開車最大的收獲是了解到自己有多大的耐心與穩定力。平和穩定的心力是開車最美的潤滑劑，開車可以訓練我們的心緒平靜。心浮氣躁車子一定開不好，寧靜的心可以讓我們享受一次完美的開車經驗。

每上一回駕駛座，發現自己對車子的恐懼感逐漸遞減，而心緒更趨穩定，也是一件極快樂的事。

我們都知道熟能生巧，學車更令人有此體驗；然而最樂的事，莫過於由於學車而認識了極好的良師益友。

我很高興這個寒假，我學會開車。

開車使我領會任何事都充滿機妙。

其樂也融融

你遇過父母兄弟姐妹大伙兒團團圍坐一圈猜拳罰酒其樂融融的場面嗎？現今，這或許也成稀有的民間生活。

其實，我徜徉在這個快樂的家庭生活中已經有好幾年了，然而相聚的歡樂，時間的長久，沒有如昨日的，因此把這一份快樂揭述出來，與大家共享。

首要我要介紹振昌兄，他是我的朋友，也是這一家的長兄。千杯不醉的父親郭老先生，風度極佳又體貼的母親郭夫人，豪爽的弟弟、溫柔的弟妹，以及他們的小女兒魯魯，可愛的妹妹，美麗活潑的太太構成這個快樂的家庭。

話從紅蟳說起，由於振昌兄是鹿港人，每回到他家就可以吃到極品的海味，香甜可口的紅蟳即是。在中國，秋天才是蟹黃成熟的時期，然而，鹿港的紅蟳，冬寒時節更具風味。紅紅的蟳對切成半，誘人的卵高高的凸起，佐以啤酒，十分美味。古人早已以海鮮佐酒助興，晉書·畢卓傳描寫以蟹佐酒的趣味，可以勝過神仙，足以了此一生。韓翃詩：「蟹螯尊上味初香。」則描寫海味的香醇。吃蟹也是古人會友的一大樂趣，陸龜蒙有詩：「相逢便倚蒹葭泊，更唱菱歌擘蟹螯。」江南的蟹、鹿港的蟳都是古道熱腸的朋友們，以蟹會友的最佳禮物。

蝦猴也是鹿港獨一無二的名產，長二、三寸，蝦目蟹足，形狀像蜈蚣，背上產卵，鹹而且香，也是佐酒的佳餚。平時鹿港人將它一隻隻排列成行，煞是好看。酒入三巡，以蝦猴獨享，其中美況賽過神仙。

我想朋友間相聚的歡樂，不在美酒、不在佳餚，而是舉手投足，歡然暢飲時的歡笑，而令人喜愛的是，郭老先生與夫人千里迢迢由鹿港開車北上與兒女共聚的慈祥。婆媳共敍、妯娌相聚，在古時候是很平常的事，然而，在現代，已經很少見，更何況如此和諧快樂的家庭，曾經在莊老師家享受過這種親情，很高興振昌兄的一家亦是如此快樂而溫馨。

暮冬天氣寒凍，在假日，以酒會友與家人共聚助興，其中的歡樂並不亞於古人的舞雩歸詠。

「來！划一拳！紅蟳配燒酒。」

別忘了，還有鹿港名品蝦猴。

山之味

「山之味」是一家山產店的店名，座落在延平南路和平醫院後面，由幾位熱情的年輕人經營，格局簡單，恍如入原始森林中的工寮，窗户以香瓜絲為飾，土酒幾缸、瓦罐數隻，頗見質樸。

前幾天與西子（高鳳池先生）、成竹（何寄澎先生）相聚於此，飲醇酒、吃山珍，笑語寒喧，雖無卡拉**OK**，寒氣為之一消，加以好友相會，更足以開懷暢語，不久，酒酣耳熱，店主人相繼出來招呼，熱湯連連、小菜不斷，酒興起情更增，於是有是篇之議。

山是偉大而神秘，尤其海拔三千公尺以上的原始森林。早晚浮雲不斷，雲霧瀰漫，與山高、與巒齊，山靄蒼蒼令人心念頓轉迷濛。古人有詩：「曉色未開山意遠，春容猶淡月華昏。」及「微芒山意詩痕在，灩瀩江聲欲與多。」寫的是身在此山的感覺。然而皆不若蘇軾「只緣身在此山中」的撲朔迷離。

山是孕育萬物的搖籃，山上有鬱鬱蒼蒼的原始森林、有山禽珍獸、有奇花異草、有瀑布、有山泉，説文：「山宣也，謂能宣散氣、生萬物也。」釋名也説：「山產也，產生物也。」如果懂得野生的伎倆，生活在山中，有如化外仙人，餐風飲露、不食人間煙火，對於身在大都市的人們而言，未嘗不是一種心靈的淨化、身心的開發。

山靜謐而穩，山神秀而永久不變，所以成語有：「山嶽不移」、「山高水長」比喻山的永恆性及人品節操的高潔；山也有大、重、高的意思，如水經注有：「然廣基似于山嶽。」，蘇軾有：「臨行一杯酒，此意重山嶽。」及元好問：「此意重山嶽。」，韓愈：「高之為山嶽」。

寒冬，萬物萎縮，在都市以山肴野蔌款待嘉賓，此中之樂，宋歐陽脩醉翁亭記記之甚詳，所謂：「山肴野蔌，雜然而前陳者。」尤其山中野味的山筍，酸酸辣辣，直入肺腑，更見溫暖，元方回有詩：「溪魚山筍佐新芻，大勝長安上酒樓。」

「山之味」有佳餚美酒，以原始森林的風味，給予都市人一個純淨美好的原野時空，小酌有山蕨、有野菜；大宴有奇珍異獸——山豬、山羊、山羌、山鹿、山兔、山雞、菓子狸、穿山甲等，尤其這些山產並不是由深山裏野獵而來，乃是自牧自產的養殖動物，因而樂為之介，也希望在此相聚的朋友們永遠如山一般的壯實高大、情誼永固。

幸福

慧娟不能不把電話放下，因為她聽出自己的聲音變了，一放下電話，她不由自主地放聲痛哭，彷彿回到孩提時，失去了自己最心愛的東西，儘情恣意傷心地飲泣，她任由淚水爬滿雙頰，聽空蕩蕩屋中自己的哭聲。

像嬰兒般無助，她驚駭自己的反應，愛是那麼深沉而深植，對於誠，她沒有任何幻想和需求，只是不由自主地會想他，不管什麼時候，什麼地方，她在做什麼事，坐著、走著，坐在車上或是睡著了，突然誠，這個人會出現。雖然明明知道一切都是空妄，一切都是枉然，但是她任由誠在她心田裡任意滋長。

已經是深夜，慧娟依然沒有起身，讓黑夜包裹著她，任時空自由流洩，讓淚水洗滌一切，任她清楚地看清自己，她知道她愛誠，這是很奇怪的一種愛，沒有條件，沒有欲望，沒有需求，只是自然而然地覺得需要他，知道跟他一起會快樂，或許，真如誠說的，由於她不能要他，所以愛就必在她心田裡，與她融化一起。雖然如此，現在她已經知道，她將永遠失去他了，她很慶幸自己打了這個電話，至少，他告訴她，他已經跟別的女孩訂婚，而她也令他知曉她真的愛他，這個愛不同於一般，是與天地俱存的，雖然他們以後再也不會相遇相聚相知相談。那麼以後縱使再想起他，她也知道該如何處理自己。

和誠的認識，是很偶然的。如果說愛情像香甜的濃熱咖啡，慧娟和誠的，只是一杯雋永的、淡淡的凍頂烏龍，清冽甘美。他們生活在完全不同的環境裡，他們不能相愛，要不是那一次偶然的相遇，他們永遠也不會認識、相知、相愛和分離。一開始，她就明白，他值得她愛，他是她要的，他是她的；但是，事實越清楚，她也越明白她不能要他；他們的生活環境不同，她的身份是那樣特殊，誠越愛她，她越覺得該給他一份寧靜溫馨的幸福。

「一份寧靜溫馨的幸福！」慧娟從沙發上坐起，扭開燈，讓燈光宣洩一室的光明；「一份寧靜溫馨的幸福！」這一直是她想要的，但，到手的幸福，她卻又把它排開，這卻是多麼矛盾和痛苦啊！慧娟的心一絲絲抽痛，往日的徬徨與痛苦撕扭著她。如果辛蒲森夫人也有她那份犧牲的精神，溫莎公爵是否會成為一名快樂英明有為的英王？慧娟痛苦的心漸趨平復，是的，她就是不願誠為她犧牲前程而排斥了他。終究，她不過只是一個離了婚的老女人，而誠的未來卻是可以期待的。

雖然誠願意給她，願意愛她，但是，她拿什麼回應這一份珍貴而知心的愛？如果她年輕十歲，她或許沒有徬徨，但，事實是她比他大七歲而他事業未成，正是少壯時期。如果她接受了他的愛，她讓他如何面對社會?面對父母?雖然慧娟知道誠不是個普通的男人，她也是個特殊的女人，但是，她跟誠的快樂會帶給他更大的痛苦，他看她快樂，他會滿足，然而，他的痛苦，她卻無法分擔。於是他們的相知與相愛，帶給他們的會是極大的快樂與痛苦。

「乖!放心地去睡覺!」誠溫柔地對她耳語。

「不要!」她固執地不肯掛斷電話。

「又要『番』了唷!（臺語，不講理）」

「什麼?你說我什麼?」

「沒有，那句話算我沒講，乖!讓我把它吃進去。」誠心疼的，哀悽的說。慧娟才知道她在誠心中的份量。

誠越愛她，她越覺得該讓誠得到平靜;於是慧娟一反女人的常態，以一份熾熱地、少女的，毫無理性的少女的感情對待誠，她給他寫情書，她給他不斷地電話，告訴誠她愛他，她要與他做朋友——一位可以知心地相談人生的朋友，那不是誠所要的，她知道，誠要的是一個平實而幸福的家庭，於是誠冷靜了，開始思考慧娟的話。

「你是一個要什麼必定要得到的固執的人，對不對?因而我對你說話要小心。」

慧娟對誠說。

「妳了解我比我自己還透徹，這樣，我們不能單獨出去玩，不能到沒有人的地方去，因為，有時候很多事情是無理可講的。」

「好！」慧娟想，不能單獨約會，他們的愛與友情如何生長？

慧娟取銷了約會，誠要求慧娟不要再打電話給他，忘了他。

「我不能做到『應無所住而生其心』（佛家語），所以，我必須克制我自己；慧娟！讓我們把一切都忘記吧！讓我們忘掉！」

「我不要忘掉，要不然就沒有，已經有了，怎麼忘也忘不掉。你應該去結婚，不要再拖了，你知道，我是個特別的女孩，別的女孩不會和我一樣的，你應該去找一個單純的好女孩結婚，答應我，不受我的影響。」

「這個我知道！我答應妳。」

慧娟再一次從沙發椅上站起來，是的，誠就是這樣離開了她。固執的，堅決的誠就像她的固執和堅持一樣。慧娟心中有絲絲疼痛，她一直沒有告訴誠一句話，她願意等他十年、廿年，等他成功，等他們都老了，再共同生活，現在這已經無關緊要了。

慧娟走出陽臺，屋外月光格外明亮，照射大廈一幢幢透著柔和的燈光，每家人都洋溢出一股家的溫馨，而慧娟並不覺得寂寞，因為她的心中有愛，誠不是告訴過她，住到陽明山，小房子大花園嗎？

中年的情

偶然聽到兩位年約四、五十歲婦女的談話，使我興起思考這個題目的興趣，中年的情該是深「長」不露，誠摯而雋永的。

五十歲的婦女這樣說：「這就是癡，我曾有過年輕時很仰慕我的男孩回國當客座一年，這一年，我生活得格外小心，深怕我與我先生會吵架，傳到他耳裡。人就是這樣癡，就只為了怕他聽了難過，我特別用心的活。」

四十歲的婦女說：「女人有時候是比較晚熟的，我也有這樣的經驗，十多年後才悟到對方是愛你的，我有一個同學當年頻頻來宿舍找我，約我陪他出外散步，由於我上有兄長，性情又很開放，反正是同學又沒有什麼理由拒絕，很自然地陪他散步了一學期，每次都是對方在說話，說他心裡的感想，我只是默默地聽，由於對方跟我說過他已經超脫了男女之間的感情，一直就不疑有他。可是分開後，對方年年寄賀卡來問候，直到去年，我才悟到原來他是愛我的，趕緊寫個信去致謝，沒想到對方回了一封非常激動的信，使我不敢回他信，因為怕真傷害了他。」

五十歲的婦女：「終於有回響了，等了十多年，情才被說破。我也有一個二十幾年來一直問候我的男士，只是因為我對他沒有那一份心，就一直沒有給他回音，可是，他那份不捨的行為，我確實是很佩服。」

她又說：「這就使我不懂現代年輕女孩的感情，我奇怪她們為什麼這樣可鄙？毫無尊嚴？我讀『不歸路』，覺得毫無美感可言，簡直只在描寫一片慾念。現在的女孩子真令人覺得悲哀。」

四十歲的婦女：「提到『不歸路』，小說的結局我很不喜歡，電影我倒是很喜歡，至少令那些迷迷惘惘沉醉於情慾的年輕女孩有所警惕，也至少知道男女之間到底是怎麼一回事。」

五十歲的婦女：「你這一說，使我比較能夠接受，其實人性除了情、慾之外，應該有一點靈性。為何現代的年輕人都失去性靈了呢？」

「這或許跟現代講求效率有關，慢工出細活的事情很少人願意做了，急功好利的事便捷多了。其實，成名以後，如果想再突破，會後悔的。凡事還是眼高的好，起步（奠基）的工作越正、越規矩越能成大家數，不管手高不高，至少格正，否則即使成家，也只是小家數。我的朋友都說我曲高和寡，格調太高了。」

四十歲的婦女：「說起來妳們都是幸運的女人，五十歲的女人婚姻、感情都有保障，現代的女孩可以玩男人，搶別人的丈夫，各成局面；倒是四十歲的一代，幸運的，結了婚，婚姻幸福，不幸的，變成老處女，又沒有開放的社交，更慘的是，若婚姻失敗，眾目睽睽，如果不夠堅強，只好進精神病院。」

以上是兩位中年婦女的談話，由於新近也聽到一則不幸的婚姻慘劇，恰巧正如那四十歲婦女所說的，女孩由於不夠堅強住進療養院，活了半輩子，什麼都失去了，沒有丈夫，沒有兒女，還得了精神分裂。由於這個女孩年輕時我很熟，是個才華洋溢的女孩，沒想到隨夫去了美國，卻帶著病回國，我心裡很同情，卻不知如何是好？

我想中年了，中年的婦女，尤其四十歲的女人，應該是最成熟的時候，不管婚姻是幸福或失敗，我們都應該有勇氣，獨立自主的，好好活下去。

中國文人和酒

中國文人和酒如美人配醇酒，相得益彰。尤其以酒名篇的詩文，最著名也樂為人道的，要數李白的「月下獨酌」四首及其名作「將進酒」，我們一方面品酒，一面也賞析李白的酒仙之品味。

「月下獨酌」詠酒最切的是：「天若不愛酒，酒星不在天；地若不愛酒，地應無酒泉；天地既愛酒，愛酒不愧天，已聞清比聖，復道濁如賢，聖賢既已欲，何必求神仙，三杯通大道，一斗合自然，但得醉中趣，勿為醒者侍。」多麼豪放、瀟脫地說出酒仙的自然醉趣，喝酒的樂趣如此妙絕，實在沒有不喝的必要。

至於「將進酒」那更是膾炙人口：「君不見黃河之水天上來，……會須一飲三百杯，……將進酒杯莫停，……鐘鼓饌玉不足貴，但願長醉不願醒，古來聖賢皆寂寞，惟有飲者留其名，……主人何為言少錢？徑須沽取對君酌，五花馬、千金裘，呼兒將出換美酒，與爾同銷萬古愁。」即使一擲千金，不動聲色的張大千居士再世，也自嘆氣概稍次一籌吧！

酒是生活中的飲用品，烹飪時用酒，可以使食物柔軟、食品生香，酒也有殺菌、防腐的作用；醫學上言，少量的酒對人體有益，可以振奮人的新陳代謝作用，增進人的睡眠。

中國人會造酒從夏儀狄開始，但是酒能娛人也能亂性，所以自古就有酒禁。雖然如此，然而，自從曹操短歌行也談：「對酒當歌，人生幾何？……何以解憂，唯有杜康。」酒在中國文人雅士的生活中，就佔著不可磨滅的地位。

記得有一位先師，他曾經對我提過中國文人的家庭有三件不可少：「一是字畫、一是書、一是酒。」其實酒與文學的關聯，詩經已有記載，而且不勝枚舉。像豳風七月：「十月獲稻，為此春酒，以介眉壽。」表明古人收成後要釀酒，小雅吉日：「以御賓客，且以酌醴。」饗宴時要用酒，小雅信南山：「祭以清酒，從以騂牡，享于祖考。」祭祀時要用酒，等等。許多目前還存在的習俗，其實在遠古時代即已如此，中華文化豈不奧妙？

自古有酒禁，但是開酒禁的是曹丕，魏文帝「與群臣詔」卻是古今首一贊揚酒的皇帝令諭，他說：「蓋聞千鍾百觚，堯舜之飲也。惟酒無量，仲尼之能也，姬旦酒殽不徹，故能制禮作樂，漢高婆娑巨醉，故能斬蛇鞠旅。」請看古來聖賢做大事皆與酒醉有關。

想像中應該比曹丕更風流灑脫的曹植卻提倡禁酒，他在「酒賦並序」中描寫醉酒百態及禁酒的意義。他說：「……於是飲者並醉，縱橫喧嘩，或揚袂屢舞，或扣劍清歌，或嚬蹴辭觴，或奮爵橫飛……於斯時也，質者或文，剛者或仁，卑者忘賤，窶者忘貧，於是矯俗。……若耽於觴酌，流情縱逸，先王所禁，君子所斥。」曹子建之不能欣賞酒，實在大出人意料之外；然則洛神賦真有其事乎？

魏晉時期，酒成為文人逃避現實的最好出處，劉伶有酒德頌：「有大人先生……止則操卮執觚，動則挈榼提壺，惟酒是務……無思無慮，其樂陶陶，兀然而醉，恍爾而醒，俯視萬物擾擾焉，若江海之載浮萍……。」陶淵明「連雨獨飲」寫飲酒如成仙，可以忘情，忘天。更有飲酒二十首並序，寫以酒歡娛的快樂生活，文人借酒忘憂的情懷，在此時期顯露無遺。我們徵引一段飲酒詩中名句：「結廬在人境，而無車馬喧，問君何能爾，心遠地自偏，採菊東籬下，悠然見南山，山氣日夕佳，飛鳥相與還，此中有真意，欲辨已忘言。」酒與文人生活打成一片。

北周庾信「夢秋野興賦得頓壺酒」表現魏晉人的生活情趣：「劉伶正捉酒，中散欲彈琴，但使逢秋菊，何須就竹林。」

唐朝將魏晉人以酒為樂的情懷發揮得淋漓盡致，除開李白之外有杜甫、白居易、王績，他們也各自有極優美動人的飲酒詩名世，我們最後依然引李白「自遣」結篇，這是一篇描寫醉酒，情味極美的小詩：「對酒不覺暝，落花盈我衣，醉起步溪月，鳥還人亦稀。」

宋元明清以後的文人雅士都會飲酒，即使不會也要懂得欣賞酒，至於與酒有關的文字就不免流於形式，不如魏晉隋唐之率真自然了。

酒與文人在中國是一種文學的結合，詩人因為酒而吟詠出許多千古絕唱，替生活製造不少樂趣，倒也令人欣羡呢！

冬意

臺灣沒有寒冬，我的意思是臺灣一年四季如春，即使是隆冬時分，樹還是綠的，因而，我沒有看過雪，沒有享受過雪在飛飄的趣味，也無法領略一片雪白的銀色世界，只有一個旅人享受日本黑色木屋簷下躑躅的美感。說起來，我的生命綠得如臺灣一般平凡，誰說的，沒經過大雪大浪的人無法領略生命的澎湃，我即是那樣的一滴小水滴。已經這樣年紀一大把了，我也不再希冀什麼奇蹟出現，只希望能夠寧靜地生活。平靜地生活，卻實在也並非容易的。

冬天到了，確實是到了歲暮時節，令你感到冬意不是街上熱熱鬧鬧的大拍賣，慶祝創業幾週年的八折、七折或八五折。相反的，卻是晨起，一片的寒瑟，為什麼說寒意呢？清晨本來是明媚的，但是，冬天的早晨，缺乏亮度，只見蕭縮，樹雖然是綠的，但是葉子是軟的，有黃葉、有落葉那不用說，葉片是無精打采地縮在一起，卻實實在在是真的，看到樹與樹間一片寒凍，我才知道，植物也是怕冷的。人冷了，有衣服穿，樹冷，卻只有任它風吹雨打。

我早起走到街頭，走到植物園，雖然，植物園內依然有早起慢跑的人、打太極拳的人、跳土風舞的人、做韻律操的人，還有結伴兒散步的婆媳、母女、夫婦、父子，但是我還是覺得蕭瑟一片，於是換個方向，到酒泉街花市。

冬天的花還是很多，有兔子花、劍蘭、各色蘭花，大的小的、紅的、白的、黃的、紫的、太陽花、玫瑰、山果、瑪格利特等等五花八門，琳琅滿目，走在花市真正領略到美不勝收的趣味。聖誕紅格外耀眼，奇怪，冬天的花沒有比得上聖誕紅令人覺得舒暢、熱情澎湃的，記得坐在火車上，看到野外有一叢叢的聖誕紅，高高地越出牆外，一大片、一大片，在綠野中，格外顯得神奇而莊嚴；在南門國中的斜對面也有一家人家的牆外，突出一片高高大大的聖誕紅，旁邊襯著一株較稀疏的乳白色聖誕樹，給人有紅白相映的情趣；花市的聖誕紅也是一片一片的，但是是由一盆盆盆景湊和成的，我忍不住也買了一小盆，是喜愛它的綠意盎然的紅意吧！

我也買了一盆黃色的菊花，我愛菊花青澀的香味，當然或許跟喜愛陶淵明的悠然有關吧！雖然我沒有東籬可採菊，也沒有南山可望，但是，看到菊花，總給人親切的、過年的感覺，這或許跟母親一向喜愛在冬天買菊花、插菊花供神有關吧！臺灣的菊花，確實是在冬天，格外的多而繁複。

記得唐人有首詩在歲暮懷友，說：在臘月天見到一片春色，白花青柳令他懷疑是寒食節到了，洛陽的舊社各在東西，南遊的朋友分離得遠遠的，彷彿都不相識了。謝靈運說：「運往無淹物，年逝覺已催。」是到了一年的歲暮了，我還是喜愛東坡的：「荷盡已無擎雨蓋，菊殘猶有傲霜枝，一年好景君須記，正是橙黃橘綠時。」

或許在有冬意的時候，我們應該微笑地面對寒冬，告訴它我們期待來年的春夏：「我看青山多嫵媚，料青山看我應如是。」是不？

愛——百合

一

百合思慮著要如何對依帆開口，依帆她相依為命近二十年的丈夫，對她依然愛護著的丈夫，但是，她能因為這些原因永遠做個無知的女人嗎？

一陣西風吹進來，百合打了個寒顫，她坐在這張椅上已經一整個午後了，天已暗了，她必須做個決定，是站起來點燈，一如往常做個快樂幸福的太太（至少表面上是如此），還是依然坐在黑暗裡，引導戰爭的爆發？

她不想動，落入深深的、遠遠的過去，那像是一幕幕夢幻。

小時候，她天真無邪，只渴望有一個完整的家，有一份完整的愛。

長大了，她離開了愛她的父母，獨自到臺北來讀書，由於她的純樸無邪，獲得許多男孩的青睞，但是這個受盡愛護的天之嬌女，對愛卻一無所知，由於緣份，她認識了依帆也接納了依帆，傷了許多男孩的心，她帶著滿足嫁給了依帆。

然而，現實是真實的，它毫不留情地考驗這一對年輕的孩子，如今想來，自己真的太天真了，毫不吝惜地拋擲歲月、青春、感情，結果，爭得的是一顆破碎的心，依帆不再愛她了；等她知道，已經太遲了，他在外面有了女人。

二十年，有愛；有恨；有痛苦；有快樂；有毀滅；有掙扎；二十年相依為命的日子，難道說斷就真可了斷？依帆可以，她呢？

當她沉浸在婚姻復合的快樂中時，依帆的女人出現了，依帆與她對話的神情，令她一眼就了解——依帆愛那個女人，她一時愣住了，不知如何處理自己。她努力使自己平靜，但是依然被依帆察覺了，這使得剛復合的感情，再生裂痕。她是真愛依帆的，因而她努力使家一如完好的時候，並努力使自己忘掉這個疑惑，但是，依帆的好友小鄭夫婦對她說：「依帆不愛妳，他希望妳能與他離婚。」時，她還是震驚得說不出話來；雖然，依帆不愛她彷彿是眾所皆知的事情，可是，對她而言，她時常忘記，她一直是活在自己的夢幻裡。這或許是依帆認為她無知的原因吧！

對著一個三番兩次一再訴說著不愛妳的丈夫，妳該怎麼辦？

百合迷惑了。

二

佛陀的愛是大愛，耶穌的愛也是一種大愛，只有了解大愛的人才能脫出男女之間的情愛，享受愛的歡欣。大愛不論男女、不論長幼，施捨是大愛，奉獻也是一種大愛；大愛不同於男女之間的私情，她付出而不取回報，她關懷而不計較得失，她改進，為了使與她相處的人更快樂，她努力，為了使更多的人能得到她的愛，大愛使她充實、平和、寬容、趨近完美。

大愛很簡單——善良、智慧、慈悲，並且去愛。

要享有大愛，必須無情無欲無喜無怒，做個平穩的人。

愛，人人追求的，而真正了解她的，卻很少。

浮生半日兩帖

其一

萬年青經過半年的細心培育胖了，顏色更深更綠，葉片也更大，濃綠得像豐盈的貴婦，最可愛的是老幹長新芽吐嫩根，翠綠牙白，美極了。一株株迎風含笑，嫵媚婀娜。鐵線蕨、並蒂花、巴西鐵樹、茉莉、海棠、不知名的蔓藤，張牙舞爪，爬滿牆，崢崢嶸嶸，凌霄而上，小園的花花草草，經過一季炎夏，居然格外翠秀挺拔，在這秋風徐徐的午後，我靜靜徘徊庭前，望著滿園翠意，不禁生氣盎然，逝水如斯，十多年歲月，轉眼過，花木無知，由枯瘦冗雜，一變而為清挺俊秀；曇花也不甘示弱地吐出新花苞，迎向暮秋。

有一陣子，我喜歡早起到酒泉街花市買花，花了三、四百塊，買五、六種奇花異草，回家來修修剪剪，插得滿室繽紛，整屋子都是花，一室生香，人整個兒舒暢開來，心兒也像花一般開放，可是，入秋以後，我不再上花市，而是悉心照顧活的花木，為它們施肥、為它們修剪，剪下來的枝枝葉葉用來點綴房間，別有一番風味，繽紛熱鬧的情趣淡了，小瓶小枝，素淨淡雅，反而更生禪意，屋子顯得素樸明淨。

前天偶然買了兩盆盆景，極小，一為楓樹、一為不知名的小樹，直上，然後向右一伸，秀極！雅極！楓樹小小的兩株並生，沒有小樹的風姿，倒也玲瓏可愛。我實在驚訝，這麼小的一坏土，如何養出這麼綠意昂藏的小東西來，前人花費的心思，定是不少吧！

有一個朋友遠從澎湖為我們帶來一個石臼，我們在石臼中加了水，擺上幾粒雨花台的石子，居然也像個小池塘，尤其在臼緣放上一隻陶青蛙，水中漂浮幾片小海棠葉，圓圓的，像睡蓮，那是另一個天地：

一花一木一世界。

生活是一片白紙，它讓我們自由彫飾，因而，即使身在塵囂鬧市，也是別有洞天，寧馨安適，真個是「此中有真意欲辨已忘言」。

其二

難得偷得的半日空閒，我獨自一人散步去，國泰美術館的畫展也久想一閱呢？穿上輕鬆的便服，一出門就覺得高興，好久沒有這樣的閒情逸緻了，或許是撿來的幸福，格外覺得甘美吧！秋風陣陣，在髮際，在頰間，也只有臺灣的秋，不怎麼令人感傷，卻令人覺得舒爽。

今天真是個難得的好假期，雲格外明媚，遠山也分外清晰光采，走在鬧區，因為是星期日的下午，車子很少，延平南路上一角古木蒼鬱的柚子樹上，結了纍纍的果實，一粒粒地掛在樹上，使我驚喜；一朵花、一小棵樹都令我感動；黃色的花、榕樹枝上垂垂的氣根，還有總統府的建築，磚紅、灰白在這秋天的長空下，顯得典秀清明。我忽然覺得好寬闊的天地，恍如入深林地漫步在臺北的大街上。

新公園門邊的楓樹，枝枒如蓋，壯碩高大，池中的小魚，悠游自在、柳條款擺，那是「古運河」旁的垂柳，還是日本京都大學「哲學小道」上的綠柳？柳條一絲絲、纖纖柔柔。

國泰美術館的展覽一如所料，真是不虛此行，黃賓虹的粗獷創新與陸廣夫的典麗清新，恰成對比。

回途，我笑問自己：「回家喝一杯。」遠天亮麗著一株花青，一片灰白的雲彩。平凡中的平凡，偷得半日的空閒。

我忽然想起只要平靜的生活的朋友。

遙遠的、靜謐的青山，一片墨色，默默向我呼喚。

一沙一世界，一片森林綠苗呢？

我想翻滾在大地的草原上。

深秋

赤熱地驕陽不見了，大白天也是西風，也是秋雨。

清晨的街頭，有一份深深深的寂寥。幾乎沒有行人也沒有車，天地一片灰色，她清爽如春，卻缺乏盎然生意；她透著成熟，卻令人泫然欲泣。我望著雜著黃葉的菩提，數著榕樹的鬚，天高地廣，卻透著冰意。

歷經春與夏，走過了那許多的繽紛與繁華，深秋展現的是肅煞，是一片落寞的蕭瑟。靠海的淡水，天方入暮，西風嘩嘩，忽忽地作響，像棄婦在吟號，碎心裂膽，淡水的秋風，鬼哭神號；要不是與大伙兒一起，我頭發痲，手起疙瘩。

植物園的荷花池，再無入夏的盛景，殘荷敗葉，無精打采，而一株株蓮蓬，褐得透焦，為深秋抹上一份寂寥。古人詠秋晚詩：「葉疏知樹落，香盡覺荷衰。」敗荷的晚景，真悲涼。

帶給秋景一片喜氣的是人為的婚禮，喜宴後，友朋三兩，駕車到北投，啤酒、紅蟳、小菜兩三，細數家常，談笑風生，其樂融融，深夜歸來，不覺擁衾莞爾而眠。誰說的：「山藪良多思，田園聊復歸。」清寂中的插曲，備覺欣喜。

秋月格外透明，秋菊令人喜；倘使劉伶再世，捉酒放歌，嵇康回生，彈琴竹林；皆不若淵明，偶逢秋菊，一片悠然。秋天的菊，一片清華，金黃燦然，紫紅豐厚，雪白清明；給人一片溫馨。

深秋有一則動人而淒美的故事，有一對情侶，倦遊歸來，車過臺北街頭，突然坐在後座的女友被飛駛而過的大卡車彈起，且掉入快車道，同時被急駛而來的車子輾過，拖行數十尺，男的緊追至車旁，女的已奄奄一息，下半身血肉模糊，人被夾在車身上，垂死的女友問她男友：你愛我嗎？愛。你願意娶我嗎？願意娶妳。於是女的瞌目而逝。

另一則故事是在車上偶然聽得的：男女兩人，女的對男的說：養家很辛苦；男的深深點點頭。女的：你太太沒有工作。沒有。那她實在幸福。可是太單調，生活圈子太狹窄。不是有小孩嗎？有，還是太無聊了，只有小孩與家。要是我，我會非常喜歡——有丈夫、有孩子，有個安定的家，多幸福。男的很慎重地：現在有些女子在提倡女權，我以為男女各有天職，一個家庭還是男主外、女主內，事情有內外之分，彼此分工的好。我是因為還沒有家庭，只好把工作當作精神的寄託，假如結婚，我也是贊成你的見解；我以為在中國，女子一向很有權，只要男的不是太封建，女權運動在中國社會實在不必要。一個能完全享有丈夫與家庭的女人是幸福的。

日本的深秋是極美的，楓葉紅霞，蒼蘆白浪，恍如江南深秋。深秋還有一件喜事，桂花滿樹，尤其重陽，一片花香，站在花樹下，一點一點採下桂花，晾乾，泡入高粱中，份量大約瓶子的十分之一，隔月，高粱的辣味消失了，酒味極醇極厚，所謂木樨香，極美極可口，酒色黃透可愛。

秋天最落寞的是遊子，尤其是思鄉的遊子，所謂：「北望情何限，南行路轉深；晚帆低荻葉，寒日下楓林；雲白蘭陵渚，煙青建業岑；江天秋向盡，無處不傷心。」或「萬里窮秋客，蕭條對落暉；煙霞山鳥散，風雨廟神歸；他遠蛩聲切，天長鷹影稀；那堪正砧杵，幽思想寒衣。」

描寫深秋最切確的是歐陽修的秋聲賦；然而，我更愛邵雍的：「多情不學年光老，雲陰不動柳條低。」

文學與生活

比起古代的中國人，現代中國人更能專注於追求眼前的、現世的生活；近二十年來，生長在臺灣的中國人是有福的，因為不必把生活的希望寄託於來世，而可以即時展現自己的才華。因而，現代的文學作品，比起古代更容易反映生活面，而且是多元化的社會層面，題材與表現力的繁複與豐富自不待言。

難道古代沒有表現生活面的文學作品嗎？不！其實，對日常生活的關切與興趣，是中國詩歌自古以來的傳統，最早的純文學作品詩經，即以日常生活為題材；此外，關注人生一向是中國散文的傳統，所謂「天人合一」、「人本主義」，人是文學所要表達的重要對象，那包括意識、情感等等。大體上，六朝時，陶淵明專注於田園生活的描寫，唐朝杜甫、白居易則全心全力描寫戰爭、社會生活，他們的貢獻，顯現文學與生活彌合無間的美與力。

而在同一個時代，文風全面反映日常現實生活的，只有宋代，尤其是宋詩，這個特色意謂著宋代社會已逐漸脫離古代，逐漸邁向現代，那是距今大約九百多年前的事蘇東坡有一首詩描寫北宋社會昇平的景象。詩為：「薄雪初消野未耕，賣薪買酒看升平。吾君勤儉倡優拙，自是豐年有笑聲。」令我們想到聆賞民間劇場或藝術季戲曲表演的歡樂場面。

蘇門四學士之一的晁補之有一首「夜行」，反映宋代以文治天下，老百姓月夜點燈夜讀的情景。詩為：「老去功名意轉疏，獨騎瘦馬適長途，孤村到曉猶燈火，知有人家夜讀書。」

秦觀的「田居」四首之一，動人地刻劃出農家樂。詩為：「犁鋤帶晨景，道路更笑喧，宿潦濯芒屨，野芳簪髻根。」天沒亮，一家人熱熱鬧鬧到田裡工作，走在田間小路上，積水沾濕了草鞋，妻子採野花插在鬢上。

秦觀另有一首詩描寫自己生活的窘困，詩句為：「日與春衣非為酒，家貧食粥已多時。」

王安石的「省中」詩描寫朝罷踏雪而歸的心情。詩為：「大梁初雪滿城泥，一馬常瞻落日歸。身世自知還自笑，悠悠三十九年非。」這不只是寫景、寫實、描述生活而已，也寄託了人的感慨。

南宋詩人也喜愛以日常生活為作詩題材，陸游「村書書觸目」：「雨霽郊原刈麥忙，風清門巷矖絲香，人饒笑語豐年樂，東省徵科化日長（化日，化國之日，指開明政治下充滿文化的好日子）。枝上花空閒蝶翅，林間葚美滑鶯吭，飽知遊宦無多味，莫恨為農老故鄉」顯然詩中寄意個人的慨嘆，然而，描寫田園生活非常動人而貼切。

陸游有一首「贈貓」極盡趣味性的表現日常生活面，詩為：「裹鹽迎得小貍奴，盡護山房萬卷書，慚愧家貧策勳薄，寒無氈坐食無魚。」詩人養貓逐鼠以保護書的生活小事，成為文學作品的題材，這種描寫瑣碎生活的小情趣，是宋代詩人共同的興趣與特色，我們若仔細撿拾比比皆是，這一個趣味與宋代繪畫（以生活面為題材者）可以互相印證。

范成大「晚春田園雜興」之一，則表現當日農村生活的一面。詩為：「胡蝶雙雙入菜花，日長無客到田家，雞飛過籬犬吠竇，知有行商賣茶來。」

文學與生活結合，文學作品表現了社會生活面，成為後人研究的資料，具有史的價值。以美學的觀點來看，能切實地表達日常生活的文學作品，必然涵蘊著動人的吸引力，不僅言之有物，而且給人生動的意象，以及由具象所產生的綿綿不絕的想像力與美感。

我們僅以以上幾首小詩淺析文學與生活，只要細細吟味，每首詩所顯現的生活影像，至今依然栩栩如生地表達出來，那是如在眼前的感受。

古人能，何況生活層面比古代更自由更豐富億萬倍的現代呢？

暮秋四疊

一、月夜

中秋前二夜，我與幾位朋友相聚，我們在夜深時分租了一條有蓬的大渡船，泛舟碧潭，月兒不頂圓，泛著一層白光，斜斜地掛在天邊，映落潭內，遠處稀疏的幾點燈光，襯著黑黑一片山陵，峭壁陡岩，還有潭邊光亮的土雞城，更加烘托出潭面的寧馨，老人靜靜地划著槳，水波粼粼，一邊是寧靜黑漆的山岩，一邊是靜謐光亮的市區，中有吊橋跨天橫過，月華如水，空氣清涼；因為是深夜，只有我們一條船，四周也是安安靜靜地，因而給人一股深秋的涼意，是那樣冷冽清湛；幾個朋友都落入沉思，大家靜靜地享受安謐的碧潭月色，一舟在水，天地皆暝馨，人與天地潭影融融而一。偶爾笑語相談，偶爾啤酒共飲，或時而清唱幾曲，歌聲與水聲輕輕地浮盪在空中水中，份外顯得舒悅、幽美而寧馨。

這是一個令人喜愛，願意再襄盛舉的美好的月夜。

二、愛的昇華

有兩個朋友發覺他們會相愛，但是環境不允許他們結婚，為了雙方的幸福，他們不能相愛，愛是神秘的東西，它說來就來，是一觸即知的火花，相吸時無可抗拒，所幸，這兩位朋友都很理性和坦誠，沒有同時讓火花爆開，有情時各自煎熬，任時間和機緣分別使他們彼此了解，這兩股熱情就被他們各自的理性與感性埋藏起來，一方花了相當大的決心與毅力斬絕情絲，然後，他們很自然地分開了，沒有遺恨。

女孩子跟我很熟，她對這個恍如徐志摩偶然詩所描寫的「交會時互放的光芒」似的有苦有樂的感情，非常珍惜。她對我說：「我們相知相悦的時間和次數，比起一般談情說愛的人而言，非常短而且非常少，起先幾乎是無知無覺、自然而然的，我們連手都沒有拉過，甚至對方也沒有說他愛我，但是他曾表達了他的震動，接受了我的感覺，對我而言，這已經足夠了，因為這使我懂得如何去愛人以及領略愛的喜悦。」她又說：「假如相愛的人都能了解相愛並非一定要常相聚首，天下或許可以減少許多憾事；假使天下的人都能了解能常相聚首的人要互相親愛，天下不知會增添多少喜事。」

其實她是個浪漫的女孩，我以為她是普天下最懂得愛的女孩。

三、美滿姻緣

有一對長輩是我今天初識的，給我非常自然、無邪而美好的感覺。男女雙方顯然是極為相異而又相似，他們彼此互相尊重而且各展才華，最難能可貴的是，各有風格，各有特色，卻同時給人穩定和諧的美感，所謂盈盈脈脈斂斂靜止的大家風度。我們彼此很坦誠、無欲無邪地暢談了二個小時，由於雙方心無成見，因此溝通得很快也很自然。我不知道我給對方留下什麼樣的印象，但是，對方卻使我一展眼界，恍如翻讀過一本好書的喜悅；許多年前，我也曾遇過一對類似如此投合的美滿姻緣，但是，女方展現的美感，甚於男方；今天，卻令我見識到所謂旗鼓相當，相得益彰的搭配，實在是很愉快而美好的記憶。

我相信天地間，像這樣美好姻緣的匹配還有許多，我希望能把他們發掘出來，讓人人都享受這種歷久彌新，美滿的姻緣，展現完美無缺而成熟的人格。

四、友情

長得這麼大，我從來沒有慎重地衡量過自己的感情，總是自自然然、隨遇而安，可是今年暑假就不同了，我正正式式地面對自己，希望看清自我，於是我了解到友情的可貴，以及我多麼喜愛與朋友共處時的相知相悅。

愛情是美而動人的，但是它有私秘性，只能兩情相悅，是屬於自家的事。友情不同，光明而朗暢，是人人可以共享的。

深長的友情與愛情一樣，歷久不衰，越醇越香。

這個暑假最大的收穫就是懂得珍惜自己的情，因而也就動見皆明了，這實在是一個值得紀念而愉快的暑假。

盛夏有感

一、小孩的心靈

有一天我帶一個小女孩去動物園玩。

走在山羊的欄柵裡，她羞怯地撫摸著山羊，卻對地上的糞便與欄內的腥味不堪忍受。

她很喜歡老虎、獅子、猴子等動物。走到標本室，她怯怯地張大眼睛：「阿姨！好可憐！這些動物為什麼會死？」「那是發生戰爭了，人們怕動物出來害人，才殺死它們做成標本。」「可是，他們可以把動物關起來啊！」

走在路上，驚人的言語從她的小嘴吐出來，「阿姨！如果姨父不喜歡你，怎麼辦？」「如果阿姨真的很好，很愛姨父，姨父就不會不喜歡阿姨了。」「以後如果我必須離婚，怎麼辦？」「阿姨會問你，你快樂嗎？」「如果我不快樂，每天吵架呢？」「那就離婚，還會有別人會喜歡妳的。」

我站在路邊，嚇得幾乎不能動彈。小女孩父母的婚姻是非常美滿的，父母對她的關照，也是細心異常，家庭環境高尚、美滿。父母有事業，白天送她上幼稚園，晚上她喜歡看電視。家庭生活的幸福絕對是沒有問題的。

我們的社會真的複雜到令七歲的小女孩關心到成人的感情問題嗎？

我真的不知道了。

二、富足

「倉廩足而後知榮辱」，目前的社會可以說真是豐衣足食。即使是菜場的攤販，也都非常有錢。可是道德低落——不幸的家庭、黑暗的人事競爭、搶奪殺人事件層出不窮。為什麼呢？

那些受到挫折、污染、不幸的苦難的人心理健全嗎？根據統計資料，我們的社會有許多精神偏頗的人，如果不關心，有多少人在無形中會受到傷害？

教育普及，使許多人自認很有學問、很有文化。於是割裂原義、扭曲哲理或以學識豐富、沾沾自喜而一方面卻斤斤計較，一意經營自己的私利，文化受到了污染。純樸的本意很難尋找。人在受苦。

乾淨、合理、愛和美的社會是人人需要的溫床。我們看經濟的起飛，帶動文化事業的全面革新，臺北有氣氛幽雅、設備高尚的書店、餐飲店推出，普受大眾的歡迎。

音樂、書畫、才藝教室的紛紛設立，在在說明人人渴求美好與舒適的高尚生活。

愛與美是提昇我們的社會成為一個人人欣羨的安和樂利的幸福社會的泉源。

心靈廣闊、寬容的美感與愛心，將為我們的生活增添無窮的生意。

心靈的豐足才是真正的豐足。

三、平和

人的心靈必須保持絕對的純淨與寧靜，才能感受平和的美感。

看到熙熙攘攘的人群、看到烏煙瘴氣的交通，如果加上溽暑逼人，走在太陽底下，人心整個浮躁開來。因此平和的心境是人人需要的社會美德。

傷心、失意、不幸時，開闊平和的心境，是令人們洞見真諦的無上妙方。平和的心靈可以化戾氣為祥和，使我們領略生命的喜悅，化悲憤為力量。

對生命的信心和毅力，是使我們在遭受考驗時，洞見真理的唯一捷徑。

我有一個朋友天生異常樂觀、熱情、樂善好施，尤其喜歡救助苦難的人。

以下就是她告訴我的故事：

有一天我遇到一個青年，他告訴我許多苦難的故事、醜惡的競爭，我為這樣複雜的人性震驚住了。這個青年必然受到巨大的苦痛，我想幫助他，突然覺得自己的同情是那麼無用而渺小。

一個人的苦痛，尤其是時間累積下來的創痕，不是他人微小的力量可以治癒的，只有他自己忘記苦難，開敞心靈去關愛他人，才能救助他自己，使他的心靈達到平和的境地。

然而我能對他怎麼說呢？我只是靜靜聽他說，然後無言的走開。

通過苦難後的寧馨與寬容才是平和的力量與根源。

思無邪

這幾天和一個朋友敞開心聊天，獲得許多啓發，心裏很感動。

一、小女孩

有一天心情很悶，於是到臺大校園走一走。

筆直的林蔭大道，和風拂面，遼闊的視野，寧馨的校園，給人慰貼的感覺。

突然，遠遠有一個女孩無助的哭聲引動我的心。

一個與母親失散的女孩，她睜著無助的淚眼，哭著説：「我要媽媽。」

她是那樣傷心和迷茫。我要儘全力來幫助她。然而，無論我怎麼勸説，她依然傷心地哭。

我感到十分的無力，如果，我身上有錢，我真願傾其所有來幫助她，找到她的媽媽。

然後，她的媽媽出現了。小女孩看到媽媽的那一瞬間全身閃動的光輝與臉上的表情，深深震動我，那是我一輩子無法忘記的神情。

我突然覺得人生也就是這樣而已。

我感到無比的寧馨。

二、母貓

許久以前的事，有一天我床鋪底下跑來了一隻母貓。

無論我怎樣趕它，它都不走，於是它就在我的床下做窩。

晚上睡覺時，不時要被它的叫聲、抓東西的聲音吵醒，很是煩人。

也不知過了多久，她在床下產了四隻小貓。

貓的排泄物，味道非常強烈而且腥臭，加上眾多的貓吵得我不得安寧，而且小貓到處亂爬，房間顯得很髒。

家裏的人建議我把小貓抓出去丟掉，雖然我的心有一絲不忍，但是理性也阻止我再因循下去。

終於下決心的日子到了，那天，我沖好一罐子的奶水，抱著四隻小貓，走到附近的林子裏，把它們丟棄在樹林間。

我把床鋪底下清掃乾淨，晚上，提前下鎖關門休息。

母貓進不了房間，看不到它的孩子。

母貓一聲聲哀啼，它用它的身體一次又一次地撞著房門，撞不開門就跑到窗邊，用爪子拚命地嘶喊掙扎著。雖然我了解生物本能的反應，然而，我依然為它所表現的母愛所感動。

母貓的哭聲是那樣淒厲，令人心碎。簡直令人不忍卒睹。

我終於投降，到林子裏找尋失去的小貓，再在床鋪下為它們一家五口造一個窩。當母貓看到小貓，整個弓起的脊背都舒緩了，彷彿經過緊張、激烈戰鬥後，得到釋放。

它輕輕走到窩邊，用嘴銜起小貓，跑到屋頂上。

沒有貓的喧擾，我不時會想起它們，偶爾我會丟些魚骨、魚肉到屋頂上，等到小貓長大了，有一天，它們都四散不見了。

三、童稚

童稚的心是很敏銳的，小時候我很蠻橫，如果跟鄰家的小孩有爭執，即使是在他的父母面前，我依然要與他比個高下。

小時候我家裏很窮，爸爸媽媽天天都要出外做工，只有祖母陪伴我。他在我傷心的時候安慰我，在我委屈的時候舒解我，她是個平和的人，直到她去世，我從來沒有見過她動過怒。即使是做小輩的人對她不孝順、忤逆她，她都以家庭的和樂圓滿為前提，一絲兒也不計較。

她的心靈是那樣深遠而寧靜，像一片汪洋，緊緊地護衛著我，令我感到厚實。

祖母常常告訴我，善有善報，惡有惡報。

小時候，我真的以為頭上三尺有神明。長大了，對祖母的話也有了新的諦悟。

我以為善念給人的好處就是締造平和的心境，當我們遇到抉擇時，只要存乎一善、反身以誠，問題很快地迎刃而解，我們的心也整個舒暢。

人不再有苦惱。

小時候，留給我深刻印象的，還有一件事情。

由於父親受教育的時間很短，因此父親對我們兄弟的期望很高，尤其是對我。

他教我業精於勤、荒於嬉。

有一天吃晚飯，我拿著飯要上桌，父親很嚴厲的責備我盛完飯為何不把飯鍋蓋子蓋好？我想了一下，我蓋了鍋蓋，打開的是小堂弟。父親說：「即使不是妳做的，妳也應該把蓋子蓋好。」

我突然覺得：生活怎麼這麼難。

心靈之美

一、涼泉

記得大三那年暑假，班上有位同學攀登拉拉山回來，到我家歇腳，以下是她所描述的山景：「我們大約爬到海拔三千五百公尺以上，看到一片青草地，那草一棵棵長到一尺多高再蜷曲而下，使得草地是那樣柔軟豐厚，我們拋開行囊，個個躺下身翻滾，這時天空是那樣晴朗，四周的青山向我們呼喚，我躺著躺著，突然喜愛上一旁延展而生的銀杏，一棵棵是那樣突兀、崢嶸，也有斷折的，但在那斷折處又長出新芽來，我想這些樹有的都好幾千年了，可是依然高聳挺拔，他們的盤錯虬龍，如同老人臉上的皺紋，歷經風霜卻令人起敬，突然，有人大喊起來，好甜好甘冽的溪水，原來，一旁清澈見底的小溪，水面是那樣平靜，溪水卻那樣清甜，好喝極了，因為我們都沒有帶水壺，不然我真想帶一壺下山。」

她在我家漱洗完畢，送我二棵蜷曲已乾枯的不死之草，告訴我那草放在水中就會再活過來，就回去了。由於忙碌，我把那草收起來，以後也就忘了。可是山泉的甘甜清涼卻永遠沒有忘。

高山上的山泉，它們寧靜卻非死水，大自然給予它們清晰沁人心田的甘美，也給予它們靜靜流動不死的源泉。

人渴望舒暢寬爽，而心靈就是那一泓永不乾枯的涼泉。

二、純淨

每到盛夏，植物園的荷花蜂擁盛放。一株株是那般特立，在艷陽下顯得那般純淨柔美，大大的荷葉、含笑的花朵，為溽暑帶來清涼與美感。

小學二年級，住在新竹，有一天與好友蕭商議到公園划船，划著划著，我們看到公園一窪荷花，禁不住誘惑，我們將船划到荷塘邊，掏手採起花來，出人意外，荷梗很長，我們死命地拉，長長的梗盤在池塘下，彷彿永無止盡，後來果真採了荷花嗎？還是嚇得放棄了？我已不復記憶。

只是池塘下暗污一片而荷花卻經過那麼漫長的生長才見到陽光，卻在我心中留下印象。

每當到植物園，我細審朵朵荷花，它們落落大方地亭亭玉立，是那樣自信、那樣燦然，而瓣瓣清淨晶瑩，給我純淨無塵的美感。

古人說出污泥而不染，一點也不假。

我愛荷花的大方，更愛它的純淨超然。

純淨是心靈的美。

三、包容

心靈的廣大包容力，像魔術家的寶石箱，像天方夜譚，是取之不盡，用之不竭的

自小母親就教我容忍，由於我們是生活在一個老式的、複雜的大家庭中，父親又因為工作，長年在外，母親處於三個婆婆中，帶我們兄弟姐妹長大，她的堅忍與廣闊的心境，至今依然引領著我們。

上學後，老師教我要含蓄。

我學會容忍和含蓄，但是我體會不出它們的美感，於是我顯得很生澀，若人討厭直到有一天，我頓悟了。

包容是心靜的平和與無盡無止的美。

前天，欣賞完錄影帶「細雪」，老三吉永小百合的忍耐與無言之美，使我了然包容的涵意。「細雪」是敍述一個大家庭中的四姊妹，各人有個人成熟的美，老大岸惠子是有教養的大家閨秀，老二佐久間良子溫厚嫻靜，老三吉永小百合含蓄堅忍、靜靜地忍耐，超然而自信，老四古手川祐子積極、前進、反抗，充滿青年人的率真。四個

人表現都很稱職，而吉永小百合的平和，是全片的重心。

只有平和的心境才能帶給我們包容的美感。

心靈之美取之不盡，敍之不完，詩人楊牧引已故青年女作家蕭毅虹的話，大意是說我們或許不能改變環境，然而我們有一個完全屬於自我的自由心境。

心靈之美存在你我身上。

生活所見

一、藝術中心

幾天前聽說敦化南路有一家咖啡廳，世界一流，格調高尚，才想要不要去「觀光」一番，正巧聽說在那附近要成立一個內容豐富、幅員廣闊的藝術中心，於是我就去了。

咖啡廳果然不同一般，屋內設置盆景、檯燈、書櫃，視覺朗爽、氣氛雅緻，我坐了一下，覺得三、四友人小聚倒蠻別緻，但是對於琳琅滿室的圖書卻無暇一閱，第二天我又抽空去了一趟，這一回坐了很久，聽到高談闊論，也了解圖書內容，於是覺得如果談享受，這兒堪稱一流，如果切實要作報告、寫文章，還不如明星咖啡廳三樓安靜，於是我想到前一天聽到的話：「這是給文化人的享受，現代人家裏不會有書櫃，文化人就是這樣。」說實在的臺灣現在經濟富裕，人民生活水準普遍提高，生活最窮的恐怕是一些安份守己的高級知識份子，然而文化人在有錢的人眼中，難道像個乞者？需要有錢人來為他們裝門面？

雖然如此，我很高興具有水準的藝術中心即將成立，我也希望它能帶動全民的藝術風氣，至少能夠看到世界水準的文化藝術中心成立，對大家來說是有福了。

文化、藝術是屬於生活的，假使更多的有錢人願意來關心文化，這是令大家喜悅的事。記得七年前在日本看到許多美術研究中心、私人博物館，出版商都是大資本家的相關事業，日本人由老至幼普遍地喜愛讀書、看畫展，恐怕文化事業的蓬勃發展是其中的重要因素吧！

二、故宮

一個多月沒有上故宮，前天一到，視野一闊，美輪美奐、清幽雅緻的新大樓已經完工了，周圍的景觀也配合建築，規劃的很完善，心裏一暢，加快腳步「晉」宮，圖書館佔地遼闊，落地書櫃很理想，冷氣、地氈是高級享受，一排一排的開架圖書，取閱十分方便，我實在很興奮，這兒寧靜、大方而高雅，實在是研究、讀書的好地方。

故宮有五千年豐富文化寶藏，像玉器、青銅器、陶瓷器、繪畫、書法、佛教美術，五花十色，光輝耀目，這裏是中華文化的宮殿，人們精神的堡壘，看到它更形精緻，更形科技化，實在欣悅。

臺北有最聞名於世的故宮博物院，有最發達的教育機構，有最蓬勃發展的工商業，如果配合上最具水準的公民，使臺北成為藝術文化的中心，美麗迷人的花都，那該多好？

我的學生都很天真可愛，他們有的離鄉背井，住在樸實的淡水，有的通車，很辛苦地上下課，但是不失青年人的熱誠、好學。

學期接近尾聲，相處將近一年，我很想聽聽他們的心聲，於是就課堂講授以及課外有關問題，列出六個研討標題，要他們做口頭報告，事先聲明在求確實實際，以訓練他們獨立與合作的治學態度，心裏想姑且一試，不知他們會不會敷衍了事？出人意料，學生表現良好，不僅臺風極佳而且口齒清晰，侃侃而談，準備用了心，頗有欲罷不能之勢。

經此實驗，證明學生是需要塑造的，如果我們給他們適切的引導，他們的表現將會出人意表。

人是需要訓練的。

看到他們深具信心、神采飛揚的氣質，不似當初的猶豫畏怯，我很開心的笑了。

新年隨筆

一、信心

元旦前往訪任教中北部某國立大學的同學，看到他與同事親蜜坦誠的溝通，彼此互相激勵與自負的信心，令人感受到清新澎湃的學術熱誠，根據他們的表示，由於學校有錢，他們不斷利用經費做各種學術討論，以提供其他學校同輩的學術研究，他們並且表示，只要他們有的資料，必然公開給同行研究，這種開放的學術態度，起因於他們一個個的自我信心，由於對自己有信心，故不怕他人的競爭，使人覺得雀躍歡欣。新的一年的開始，由於我的同學的啓示，使我希望將這一份喜訊——信心，傳播給每一個人。

不管是各行各業，甚至家庭中的每一個成員，只要對自己有信心，無形中，人與人之間的關係就很容易溝通，即使得不到溝通也不會產生勾心鬥角、毀滅自己也破壞別人的事。因為對自己有信心，即使受到不平的待遇，也不會覺得屈辱或惱怒，而能平心靜氣的等待下一次的機會。

信心可以給日行緊張的社會鬆弛的機會，因為人人有信心，競爭會顯得理性、從容而愉悅。現代社會人人要不怕競爭，而且要做合理的競爭，而帶有信心的競爭能使我們的社會邁向進步、成功和健康、理性的境界。

在這新的一年，我祈望我們每一個人，對自己更有信心，任一切愉悅愜意。

二、理想

元旦回高雄，探望公婆，順便往訪當地國立大學以及新修竣的領事館，看到遊人如織，新的領事館，古趣盎然，整潔一片，感覺到由於政府以及有關人士不停的呼籲，國人的公德心，總算有某些提昇，由於生活品質的提昇，人們的公德心必須不斷提高與加強，良好的居住環境才有可能形成，否則像板橋林家花園與修完繕，開放的結果門窗折斷，古物破毀，垃圾出現，豈不是很遺憾的事。

安定的生活，富足的環境，人們需要的是一顆有理想的心，學生對未來有理想，才能專心從事學術探索，對學問充滿蓬勃的學習力，從事各行各業的人士，對自己的工作抱有理想，才能全力以赴，追尋突破；每一個人對婚姻、對家庭有理想，良好的家庭組織與關係，才能產生。理想是推動生活成功的良媒，在這新的一年，我們展望未來，望向前景，希望人人都有自己的理想，卯足全力，開拓自己理想的生活領域。

三、整體美

新年裡，使我想到的另一件事情是團體的和諧，一個家庭就好像一個人體，如果這個家庭不打算瓦解、破敗，就需要這個身體的各機能都健全、興旺，信心和理想是健全這些組織的基本因素，而整個和諧與美是必須的共識。

每一個人都需要自我發展，追求自己的幸福，但是，整體的和諧美，是一個團體，每一個分子必須有的共同心向，唯有追求整體美，這個團體才不會顯得光怪陸離、四分五裂。

元旦，在家裡，每一個兄弟姊妹都回來了，大人、小孩，大家都非常愉悅，充滿關懷與愛，整個家庭洋溢著幸福，大家庭的溫馨，在一時又凝聚起來。當父母年紀老大時，兄弟姊妹能回來共聚一堂，生活未嘗不是一種幸福與美。如果兄弟妯娌要和諧的共處，整體美的共識是很重要的。

家庭如此，社會上的其他事情甚至於國家的建設，豈不也是一樣？在現代的社會，我們講求分工，也更應該要求合作。

讓合作使我們享受充分的整體美感與進步。

隨筆偶思

一、車上所見所聞

今天到南港中央研究院，在車上聽到一位年約六十多歲，梳理整齊的婦女對她同伴說話，意思是她一生都在教書，到如今年紀大了，依然到處為人補習，她的鄰人都嘆息她命苦，她自己卻覺得精神奕奕，這樣忙，生活才有意思。我看她虎虎有神地與同伴告別下車，不禁佩服她的活力。許多婦女生活安定了，就無所事事，於是產生精神上的苦悶與社會問題，能一生秉持著一貫樂觀進取的態度，獻身工作，努力生活，到了老年，依然充滿著盎然的活力，這種生活態度，是值得我們擷取的。

我以為青年需要工作，培養經驗、能力；中年必須工作，貢獻能力，服務人群；老年更需要工作，純心的奉獻，工作給予快樂。

車到大安區公所上來一位肥胖村婦，帶了兩大包行李，很是笨重吃力，我看到車上一位裝扮入時的富泰婦人起身，幫她挪動行李，並示意村婦坐到鄰座空位，態度自然，示意完後，她默默無語，看向窗外。村婦也沒有表示謝意。是很小的事情，我一方面高興，她幫了她的忙，一方面覺得美中不足，如果兩位婦人能互相言謝，打個招呼，豈不是更好?於是我注意到，面帶微笑的人，幾乎很少，每個人真的是態度冷漠，疲累的樣子；我想到在日本電車上看到的臉也大半是冷漠無情的，不過他們多半一書在手或閉目養神；這或許是大都會的眾生相。

我想要提高我們的生活品質，整潔的市容、漂亮的公車，衣著整齊的市民之外，我們需要人人有顆輕鬆愉快的心，面帶微笑。

二、中央圖書館

新的臺北市中央圖書館就坐落在中正紀念堂前，一共有六層，不僅規劃完善，而且軟體的設備充足，尤其服務小姐先生的態度，異常親切而熱心，很受市民的歡迎。

昨天，我到各樓去參觀借閱，發現各處辦事都科學化，手續簡單明瞭，真的是給予喜歡讀書的市民，許多方便和享受；硬體設備大而舒適、安靜，加上餐廳的服務，清潔、豐富，水準可以說是一流的。看到洶湧著，一個個排隊整齊等候申請入館的群眾，我很為臺北市民能增加一處高水準的好去處而欣喜。因而，一般民眾的公德心也必須提高，才能使得好的服務與設備得以繼續保持維護下去，政府與民眾相互配合，相得益彰。

初冬三疊

一、民間劇場

十月廿九日，第五屆民間劇場在臺北青年公園舉行，五天裏共有北管、南管音樂、車鼓陣、牛犁陣、布馬陣、歌仔戲、皮影戲、布袋戲、說唱等大大小小民間藝術表演六十幾場，製香、剪影、吹糖、石彫、冰彫、製傘等民藝棚一百攤。

我們看到純樸的民間藝人臉上滿足的微笑，彷佛心中注滿了快樂的花朵，一朵朵逐漸綻放，無論是宋江陣、大鼓陣或是高蹺陣，表演者用心、認真、俐落的動作與喧天價喊的音樂，引領我們進入一個熱情、充滿希望的世界，我們在民間藝人的表演中，看到純樸百姓單純的祈願與追尋幸福完滿的心聲。

樸實的色彩，樸實的衣著，樸實的臉，代表的是地方百姓單純的希望。民藝所代表的是祈求地方繁榮的單純展望，我們更祈願他們在熱切盼望與努力下，得到被肯定的自信與滿足。

散佈在寶島各地的民間藝人們，當你們回到故鄉，遠離彩聲時，請多珍重。

二、校園裡的園丁

這二位園丁是我由朋友林先生那兒聽來的，他們是他的小學以及中學的老師。二位啓發他對美的感受，種下他日後追尋藝術的生命力。我聽到他純樸的敘述，心裏很感動，記下來，希望我們的社會有更多這樣執著於生活的人。

在我讀小學的時候，我的小學老師帶領我們將一個垃圾場開闢成一個日後百花爭放的花園，於是在我小小的心靈中深深感受到美的喜悅是什麼?只要我們肯努力，醜惡也會化為繽紛的世界。到了上中學，我又遇到一位教繪畫的老師，他以身教重於言教的方式教導我們，他並不告訴我們怎樣去畫，卻教我們怎樣去觀察、去體會生活中的美，他每天早晚勤樸地整理校中的花園，整個學校充滿花香，明媚異常，他讓我們領略到美，然後才要求我們表現出來，我上了大學以後，深深感受到這二位老師對我的啓示。

三、寶島的風光

今天在北上的國光號車上，我碰到一位年輕人，他是中部已經不再很顯耀的世家大族後裔，有著大族們的自信，他做的是很大的外銷生意，為了工作，經常出國，他以為泰國很有他們自己的獨特風格，是個令人懷念，喜歡一去再去的地方，而抱憾臺灣的社會，沒有自己的格調。

我們的社會，是要以什麼呈現給這個世界？麥當勞、AIDS、科幻還是純樸？我們希望我們有極度具有公德心的民眾，辛苦興建起來的木柵動物園，景觀與動物都能保持完善，許多開發的風景區不再是垃圾滿山窪，全民的文化普遍提高，努力工作也寶愛家鄉，只要我們願意，寶島自然有寶島的風格，寶島的可愛。

年輕人：別儘顧著賺錢，請厚愛您生長的地方。

閑情偶思

一、靜宜

來到靜宜，雖然是個很小的學校，卻給我一份難得的寧靜，小小的校園，清純的少女，志同道合的同事，年輕的熱誠，這一切都是我喜愛的。生活是屬於我們自己的，由繁華的臺北，來到平和的中部，我並沒有落寞的感覺，更格外喜愛這一份工作的寧靜。

上課前，我喜愛提早十分鐘到校，走在小小的校園，看著唯一的幾棵大樹，來往的少女，心理覺得舒恬，漫步到水池旁，看著池中悠游自在的鯽魚，我喜愛這一份知足與達觀，清清的流泉，細細的水聲，潤濕的水草、樹葉，這就是一份世界；白色的聖母像，平添幾份和穆的聖潔。

想到世界上有許多生活不盡如意的人，我為自己沒有遭遇到那份苦難而慶幸，卻更同情那些遭逢苦難而無法堅強達觀的人。

請跟我一樣，來愛我們周遭的一切。

因為達觀與自在，會帶給我們更多的生命力，讓我們在人生的旅途上，再創佳績。

二、東海大學

臺中雖然不是我出生的地方，卻是孕育我成長的第二故鄉，東海大學也曾是我嚮往的大學，卻從不曾細細地去品味，十多天前，我想再度去走一走東海大學，當公車開到忠明國校附近，我就知道這一份決定是對的，因為視野整個開闊起來，遠離市區的擁擠與喧囂，等到走進校區寬敞、林蔭蔽天的大道上，身心整個開放，東海！我為這裏的學子感到驕傲，因為擁有這麼遼闊、寬廣、美麗的校園。

我喜愛這裏的整潔、寧靜，更喜愛這兒的花草樹木，我幻想臺中市區擴大到這郊野的地區，讓原來的市區保留它本來的純樸潔淨，令新興的繁榮，帶給中部的民眾是一份適足而合適的完美享受。

看到大度山的遼闊，我彷彿嗅到臺中市發展的前景，這兒還有土地，企待我們胼手胝足來耕耘。

三、砥書坊

回到臺北，我約修蓉、時芳姊到砥書坊相聚，坐落在東區的砥書坊，卻保有鄉村純樸的風格與特色，也許是這一份鄉土，勾引起大家的喜愛，我們在這兒享受到友情與賓至如歸的招待。

我們在砡書坊裏看到屬於鄉村的一桌一椅，一草一木，品味他們沖泡的香茗，也領略店主人費心的佈置與情調，我想起書香園和新象，或許這來自鄉土的格局，更勾引我們的愛。

臺北的繁華是我們喜愛的，我們更愛這一片潔淨與充實。

回到臺北，能在砡書坊與好友相聚一堂，是享受，也是快樂，為此留記一筆。

明天，我又要回到中部，然後下一個禮拜，我將再度回來。

東瀛所見

一、乾淨

九年前到日本，已經發現日本人很愛乾淨，上街總看到日本主婦勤快地在擦拭外面的門窗，如廁所香味四溢，滿佈香花；這一次再到日本，還是佩服日本人愛乾淨的習性，而且所見皆如此，不論福岡、四國高松、京都，或者繁華、極度開發的東京，毋論大街小巷，所到之處都令人感覺出，彷佛剛洗刷過後的清潔新鮮，空氣新鮮、房子清潔、街道整齊乾淨、樹木清新。與臺北給人髒亂的感覺不同。為什麼？是人為因素？還是自然的地理因素？我發現樹木的清翠或山岳的靈秀，或許是地理因素使然；可是街道的整潔、屋宇的清新，卻是人力的關係；因為，不論在什麼地方，我總看到有一個或兩個清潔婦人或工人，穿著淺藍色的衣褲，帶著白帽、白圍兜、白鞋子，勤快地維持環境的清潔。當然，除此之外，日本人不隨地亂丟紙屑、果皮，很有公德心，也是這個國家乾淨的原因。昨天，我隨日本朋友到日本去玩，坐在電車上，我看到一路上，旅客很愉快地拿出所帶的餐點，圍在一起吃東西，下車時，我仔細地注意每個座位，卻不見任何垃圾。原來大家都跟我們一樣，把吃剩的東西，分裝包好，垃圾隨身帶著，回家處理，或丟到垃圾筒裏。日本主婦處理垃圾也有一套，隨著品類，細心包裝，包成一包包再用大的垃圾袋處理，總不讓臭氣沖天，或令人有髒亂之感。日本的乾淨，是令我佩服的，我希望我們的國民，也有愛整潔乾淨的好習慣，使臺灣成為真正的人間樂土，世界的珍寶——福爾摩沙。

二、守秩序

我發覺日本人第二個好習性是守秩序。朋友奧村前晚帶我們住旅館，走在路上，人很少，只有我們三個，車子也很少，一路上沒看到車，因為是晚上九點多，到處一片寧靜，走過人行道，紅燈亮著，他就回頭開玩笑地對我們說：「這裡是臺北，衝呀！」我們哈哈大笑，臺北的街道實在是很危險，車不等人，人搶過街，實在可怕。但日本人有耐性、守秩序，不僅走路不搶紅燈，開車也是。第二天到高松，裝裱師谷本來接機，他開了車帶我們觀光栗林公園、跨海大橋、象頭山，一路上不見他闖紅燈、搶車道，別的車子也一樣。日本人守秩序的精神真令人佩服。

昨晚從日光回來，關口太太開車帶我們到一家中國餐館吃飯，客滿，沒有座位，卻已經看到七、八個人坐在椅子上等待（他們設有等待的凳子），等了好久才輪到我們上桌，關口小姐在這兒打工，她出來招呼，態度非常認真，與關口太太說話，就像對待客人一般，非常守禮講禮貌，並不因見了熟人就亂了分寸；她依然表現了工作時認真的職業精神。

日本人的認真和守秩序是他們成為工業發達、進步國家的重大因素，他們工作時間比我們短，但是效率卻比我們高，這種守秩序、認真的生活與工作態度，應該是值得我們學習的。

三、文化高

這一次參觀重點在東京，真正見識到日本已經極度開發，例如交通，簡直發達得不得了，全國各地無處不通，火車守時、方便，一站可以接一站地直達你所要到的地點，而不浪費絲毫時間，沒有什麼火車誤點，一下子要等上二、三十分鐘的事情，新幹線的便捷不說，地下鐵不僅一層，已經開發到地下四、五層，本州和北海道、九州已有海底隧道相通，再過二年四國與本州也有跨海大橋可通，橋面分二層，一層通火車，一層通汽車；這個國家的工業技術已經到了頂峰；但令我震驚的不是這些，我真正感到我們必須迎頭趕上的是人們文化文準的提昇。

日本人的文化層面很高，一般而言，他們尊重知識水準高的讀書人，而且一般人也喜歡看書，我在電車上總是看到老的、少的、男的、女的，不論年齡、身份，人手一冊，埋頭看書。我們的朋友闕口，是一個日本小市民、商人，但是他寫字、下棋、讀書、學中國話；至於像九年前在京都、神户的朋友木村夫婦、加藤小姐，他們本身是知識份子，文化層面之高，則非我們可以想像。而這一次令我驚覺的是，到日光隨日光觀光團旅遊，屬於團體活動，有老人、中年人、小孩，一路上每個人都很認真地聽導遊解説各地名勝的歷史文化、古蹟，不像有些觀光客旅遊，匆匆走馬看花，主題在買東西。

我們如果要趕上日本，人們的生活水準與文化教養都必須一起提高。

人倫之美

記憶裏，曾在植物園看過一對中年夫妻，坐在鐵椅上休憩，男子蹺著腳，女子依偎著他，很專心地為男子挖耳垢，夫妻親蜜無邪的快樂，很自然地流露。

每天黃昏，在青田街的巷子，總會遇到一對白髮皤皤的老夫婦，男子拄著拐杖，女子牽著他，踽踽而行，偶爾看到他們互相扶持，親密的私語，流露出無比的和諧與甜蜜，夕陽下，微風中，綠葉婆娑，人倫之美，由此可見。

下午，在公車上，看到一對年輕的夫婦，男的抱著小孩，手提著奶瓶，女的挽著一包手提袋上車買票，兩人分工合作，愉快和諧的樣子，令人覺得幸福。看著這一對夫妻滿足快樂的樣子，使我覺得快樂，男女分工的進步社會形態，已然可見。

但是我除了為那夫輕的女子感到愉快之外，我忽然想到人倫之美。

在我們的社會裏，已然需要美的觀念。人倫之美是人類社會提高生活品質的基源。夫妻生活的和諧，使我們享受到兩性關係的極致。還有，祖父母含飴弄孫之樂，老人得到愛，幼兒也享受到育；朋友肝膽相照、急難相助之情，鼓舞人向上發揚的心；兄弟無邪的友愛，姊妹相助的溫情，都為這繁忙的社會添加了無比的和樂與溫馨。

人倫之愛像極熱地帶，綠葉蔽蔭的綠樹，給人涼爽、給人希望。以夫妻為軸，擴散和諧的人倫關係，即是人生幸福的寶藏。

上個禮拜和修蓉姊電話聊天，她提到南下探望役中的兒子，由於兒子的文弱，在役中備覺辛苦，她看到兒子受苦即心酸不忍，兒子看到她的喜悅與感動，在她的綿綿細語中，充分表現母子連心的愛與美。

天下沒有不愛兒女成功、上進的父母，父母為子女所付出的，即使孩子大到成家立業，生兒懷女，身為父母的依然在為他們憂懷繫心，父母這一股無限無盡的愛心，就是人倫之美的極致與泉源；而兩性中和諧的愛是他們的根。

我希望在我們的社會，舉目可見一對對和諧快樂的夫妻，男親女愛。

人倫之愛是人生中的大愛，人人急需的，有了和諧的人生，人倫之美達於極致。

請擴散我們的人倫之美。

經師·人師

艾貝颱風來襲，交通阻斷，鑫弟載我回臺北，在風雨中想起幾年來栽培我的恩師，剛抵家門，即接到陳主編電話，要我寫一篇與教師節有關的文章，坐在桌前，首先想起的即是有著泱泱大度雄風的臺靜農老師。

臺老師是國學界名師，子弟滿天下，一手毛筆字是人人爭相寶存的，我只是他私淑的弟子，平日深受老師的教誨與感化，每有疑難，登門請益，他總是和藹可親的指點我。我雖然沒有上過老師的課，但是對他那種豪邁雄健的氣度，衷心景仰。記得有一回請他與莊尚嚴老師吃飯，席面上二老談笑風生，使我如沐春風。還有一回莊老師請我們吃飯，酒酣耳熱，鋪紙濡墨，二老開始揮毫，作畫寫字，興味盎然。

臺老師喜歡喝酒，每餐必飲威士忌一小杯，身體硬朗，八十多歲還是健步如飛，有一回我在公車上，看到他提著皮包，漫步在街道上，要去東吳上課，看到他飽經風霜的蒼然雄健，我心裡深受感動。

我之所以能在國學界繼續深造，功勞全在臺老師身上，五年前，當我不知如何是好的時候，我跑去找臺老師，稟告他，我想再讀書求學，他馬上慨然應允，指點我訂題目、作計劃，因此，我才能順利考上研究所博士班。

老師對我的恩情，我終身不能忘，現在聽說他住院開刀，腦血管阻塞，我衷心祈禱，老師早日恢復健康。

與臺老師交情極篤的莊尚嚴老師，也是我的恩師。莊老師的一筆瘦金體聞名全國，他與臺老師一樣都是沈太老師尹默先生的弟子，然而二人字體迥然不同，趣味、身材也不同，但都喜歡杯中物。

莊老師對學生異常親切，當年我休學在家，莊老師還在文化大學藝術研究所當所長，他每個星期四一早就打電話叫我到外雙溪，因為莊老師又身為故宮副院長，對故宮文物瞭如指掌，聽他說宮內故事，書法方面的藝文掌故，上完課，媳婦陳夏生女士作飯請大家吃，飯後，老師一煙在手，濡毫揮筆，寫出一張張墨寶，讓大家帶回家。

可惜莊老師在五年前因癌症病逝，如今想起他自然達觀的風範，依然令人仰慕。

我就讀的是師範大學，師大國文系是國學界正牌老傳統，領導的老師是高明老師，高仲華先生做事、教學都非常認真。每一次上課前，都可看見老師一個人健步如飛地走向教授休息室看報，女工友即時奉上茶。

高老師教學非常有條理，對學生熱心異常，當所長的時候，就替畢業生尋找出路，因此臺灣的國學界，幾乎是師大的天下。高老師如今身體還很硬朗，依然如同以前一般熱心教學、幫助學生，真是一位老當益壯的老師。

在我的求學生涯中，影響我最深的是以下三位老師，一位是已故湘潭才子李漁叔先生，他是前副總統陳辭公的秘書，二十年前，當我進入師大二年級，我到藝術系旁聽他的詩學，李老師一見我，就要我當堂賦詩，讚美我有詩才，並且要我每個星期六，到他家去，請我吃飯，聽他談古論今，並且介紹我到當時有名的蘇臺吳子深老師處學習國畫，種下了日後我研究文學與藝術關係的種子。

李老師待我，如師如父。我畢業後回臺中教一年書，他立刻介紹我到臺北，使我與學術界一直保持連繫，後來，他得了肺癌，逝世前一定要我繼續深造，考取師大研究所，否則他不放心。

李老師是我最早的國學啓蒙老師，與他接觸才使我了解什麼是中國文學及古人的風範，讀書人的胸襟、氣質是什麼？他好像一本令人百讀不厭的古書，也像一位彬彬儒雅的古代文人士大夫，他開啓了我研究國學的盎然趣味與決心。

李老師生前的最後幾年，我住在他家，他待我像女兒，對我訴說他的心志與願望，並且每晚讀書、寫字，也教我讀書寫字，他是我學習國學、接近國學的一盞明燈。

吳子深老師是蘇臺名畫家，在大陸未淪陷前，他被尊稱為滬上三吳，精工山水、蘭竹，古畫的造詣，直逼元明清人，他是一位非常慈祥的老人，但是脾氣有些怪，自信心很強，好古而不泥古，因為他說的蘇州話，我常常聽不懂，所以我們的教學經歷是用筆談。

吳老師開啓了我探討傳統藝術的興趣，對於中國畫——傳統水墨畫的研究，我一直不停地搜尋鑽研，這一切都來自老師熱心的教導。

章微穎老師是我大一的導師，教過我史記、詩學、荀子。當年，他白髮皤皤，一杖在手，穿著非常簡樸，說話卻異常篤定堅決。他告訴我們師大國文系的任務，是在發揚中國傳統的優美文化，並不是在創造一般的文學家，他希望我們要肩負起文化的使命，他對傳統文化的執著精神，一直引導著我在古典文學中探索、努力。

欣逢教師節，想起這些國學界碩彥，老師對我的點點滴滴又浮現在眼前，我希望我能在國學上繼續努力，承傳並且奉獻給教育界，為國家培育英才，替社會服務，以報答老師們指引我，苦心栽培我的恩情於萬一。

家

家是人們休憩的地方，心靈的避風港。

家的舒適和溫馨，是人人活力的泉源，再生的根。

清早起床，因為有一個溫暖的家，使我們樂於向前邁進；晚昏歸來，因為有一個溫暖的家，令我們勇於向上奮發。無論是嬰孩的啼哭，稚子的嬉鬧，賢妻的笑語，一串串，串成人間的天籟。

小時候，家是兒童的堡壘，可以玩遊戲，可以編故事，可以撒撒嬌，家裏有祖父、祖母、爸爸、媽媽、兄、弟、姊、妹，還有外婆的家。

長大了，家是青少年的溫床，它可以休息，可以磋商，可以增長識見，可以溝通情感，可以宴請朋友，溫暖的家是少年的夢，青年的驕傲。

成年了，自己也有了一個家，家成為奮鬥的指標。成家的人就了解家的甜蜜和溫暖。這時候哥哥有一個家，姊姊有一個家，弟弟有一個家，妹妹有一個家，爸爸媽媽也有一個家。

由一個大家庭繁殖成許多小家，家的溫馨和親愛更加擴散；而且除了自己的家，我們都還有另一半的家，愛屋及烏，在共同的家中，兩家合成一家。

一個小小的家又擴大成熱鬧、眾多的大家，許多的新生命，又開始成長，在家族的力量中茁壯，家又成為生命的泉源。

那一天與阿李聊天，談到易子而教，聊到他大伯的嚴厲與成功，她嫁到夫家所享受的家的溫馨；想到自己也是身為長嫂與大姊的人，如何照顧家，也就意義綿長。

有孩子的家有熱鬧，有責任，沒有孩子的家，更是一片祥和溫馨。

甜蜜的家是人們無上的幸福。

暑假，我與小嬸聯袂南下婆家，與公婆、小姑一家相聚，享受了家中無比的歡樂，父母的慈愛，姊妹間的歡笑，加上姪兒們的童稚笑語，人倫之樂，只此無他。

小叔有個甜蜜的家，大叔也有個甜蜜的家，我們也有個甜蜜的家，於是這個家就充滿了歡笑。

朋友中有曾永義教授，他也有一個令人欣羨甜蜜非常的家，而且時常我們有機會去分享他們一家人相聚的歡樂與溫馨，他們父子之間的親蜜無邪，兄友弟恭，妯娌之間的相助與親愛，為我們立下很好的本範，享受著他們家的溫馨，彷彿也了解到中華民族人倫至情的可愛。

鑫弟年底就要成家了，他是我們家族中最稚嫩的一支，我寫這篇文章，預祝他成就一個幸福美滿的家。

閒情兩章

一、聚

人與人相聚是緣份，尤其令人難忘的是心靈聚合。

這個暑假有幾次快樂的、難得的聚會，寫下來，當作紀念。

喬麗自從舉家遷往加拿大，近廿年我們沒有相見，那天在她書房再聚，她依然明麗、豪爽、熱情如昔，已近中年的老友，暢談年輕的往事，許多點點滴滴，備覺溫馨。之後，我陪她遊至善園、逛故宮，在四季聚餐，日子彷彿青春幾多，兩顆開放的心，年輕的友情，透過時間，更覺馨香。

雖然是短短的相聚，匆匆一別，但是友情的溫煦，依然長駐。

美娟是我朋友，暑假她帶著身孕回國，由於是一個人回來，她比較有空閒與我聊天，我們從早上九點暢談到傍晚九點，從家裏談到忠孝東路，再從忠孝東路談到家裏，美國和臺灣，兩地的生活，就在我們的言語中串連、溝通起來。

興猶未盡，我們聯袂回台中，探望公婆二老。

在台中愉快的住了三夜四天，當自強號的火車，由中急速開往北邊時，我們都覺得，這是一次難得的旅程，下一回，當她再度回國時，手中抱著、牽著的，就是新生的小娃娃。

人生的聚合，雖然長短有別，最可珍貴的是好友無私開懷的暢談。與喬麗和美娟的相聚，極可珍貴，然而一生中難得幾回。而每一年暑假，我與初高中的同學溫和徐的聚會，大學同學李與王的歡談，淡江同事修蓉姊的相聚，平凡卻更令人覺得珍惜。

暑假是年年都有，這個暑假過後，我就要到臺中去教書，我會遇到許多新的同事與朋友，但是對於舊有的，我想我會永遠保有，一年一年過去，這樣我們的人生將會更豐厚。

二、閒

閒散的日子極其暢適，沒有牽絆，了無憂煩。

閒閒的心就像一汪清清淨淨的池水，不起漣漪，平靜幽渺。

每一個晨曦，每一個午后，幽閒的日子，我總是靜靜的坐著，冥想。非常適意的時候，我才讀讀書，看看雜誌報紙，這時候鉛字和方塊就不像做學問時那般沉重，彷佛還透著機靈，老是令你露出會心的微笑。倦了，伸伸腿，放幾曲音樂，把音量調到最低，就在那曚曚曨曨中，一個一個體悟，福至心靈。

我很喜愛閒閒的日子，認為那是人生最大的享受。

有的時候，我就靜靜地打開陽臺的落地窗，坐在椅上，欣賞窗外的景物，一朵浮雲，一片綠葉，一陣微風，絲絲心綺，都在寧靜中化成朵朵心花綻放。閒的日子，格外能體會靜的飄渺，那個時候，一個電話，一個門鈴，都是一種悸動。

只有心靈沒有負擔的人，才能體會閒靜的妙趣；可惜，完全閒散的日子，將不再有了，因為從這個暑假以後，我就又要開始工作。

揮別閒淡的日子，我為自己高興，卻也有一絲惆悵。

美與醜二疊

世説新語有幾則記載，說明許允新婦阮氏的賢慧，我讀了心中不禁暗暗贊賞，娶婦如此，雖醜何妨？

許允的新婦，是阮衛尉的女兒，德如的妹妹，奇醜無比，婚禮結束，許允不再進新房，許家的人都很擔心，恰好，有客人到，新婦叫女婢去看看，是誰來了？女婢回來說，來的人是桓範。新婦說：「不用擔心了，桓範一定會勸他進房。」果然，桓範對許允說：「阮家既然嫁了一個奇醜無比的女兒給你，一定有他的緣故，你應該仔細去觀察看看。」於是許允到新房來，一看到阮氏，就想出去，新婦想他再出去，萬萬不會再進房了，於是就捉住許允的衣襟，許允就問她說：「女人有四德，妳有幾德？」阮氏說：「我所缺乏的，只是美貌而已；可是，士有百行，你又有多少呢？」許允說：「我都有。」阮氏說：「百行以德為首，你好色不好德，怎麼可以說皆備？」

許允覺得慚愧，於是對阮氏很敬重。

許允做官時，多用自己家鄉的人，魏明帝就派人來捉他定罪，阮氏出來勸許允說：「

明理的國君可以拿真理來辯解，不能用情來打動他。」後來，許允回魏明帝的質問，說：「古書上說用你了解的人，我所了解的，就是我家鄉的人；君王你可以考察他們是不是稱職？如果不稱職，我願意接受罪名。」結果，每個任用的人都很稱職，才釋放許允。起先，當許允被捉的時候，全家人都號啕大哭，只有阮氏神色自若對大家說：「不要擔心，馬上會放回來的。」很鎮定的在廚房準備晚飯，不久許允果然回來了。

許允被晉景王殺害，學生們緊張地跑來告訴阮氏，阮氏正在織布，神色不變的對學生說：「我早就知道了。」學生們想把許允的孩子藏起來，阮氏說：「你們不用擔心我的孩子。」後來，阮氏帶孩子搬到墳旁居住。景王派鍾會來察看，如果孩子像父親那般聰明，就一起殺了。許允的孩子問阮氏，阮氏說：「你們雖然很不錯，可是，才能不多，只要就你們懂得的事和他們談，一切都不必憂愁，也不要很悲傷，他們談什麼就跟他們談，他們不談的就不要談，還有對政治上的事少問一點。」孩子們都聽她的教誨，終於免於被殺害。

後來，許允的二個孩子許奇和許猛都做了官。

另外，還記載了一則美人的故事。

桓溫平定四川，娶李勢家女兒為妾，非常寵愛她。起先桓溫的妻子不知道，後來知道了，帶領幾十個女婢要去殺李氏。李氏正在梳頭，長髮拖地，皮膚雪白如玉，很冷靜地對桓溫的妻子說：「我是國破家亡的人，今天若能被妳殺死，乃是我的願望。」桓溫的妻子憐憫她，抱著她說：「我看到妳都覺得憐惜，何況桓溫呢？」於是，善待李氏。

女人最重要的不是容貌，而是一顆寬容、平和、機智的美麗的心。美麗的心使女人更美麗。

六月曲

一、雨後

從五月開始延續到六月初旬的梅雨，替臺北盆地帶來不少溫潤的雨，街上的樹葉，不再是塵土滿面，乾枯欲裂，代之而起的是一片清新，青翠嫩綠。車過銘傳商專，一路蒼翠欲滴，令人心爽。

最特別的是，陽臺上，漫不經心栽植的花花草草，突然，像天方夜譚一般，一夜之間，青翠了，開得花團錦簇起來。

萬年青張牙舞爪地爬滿蛇木，蜿蜒而出，嫩綠的葉子配著脹得鼓鼓的莖，像在跟你道日安。

不知名的芋葉，帶著斑斑紅點，由泥土中冒出一株株芽來，緊跟著就一日日長大

從來也不曾打開花苞的梔子花，結苞爛開了，一朵朵棉絨樣雪白的小花，吐出一陣陣淡雅的清香。

龍舌花的白花紅蕊開得最繽紛燦爛，將四、五尺高的枝幹，點綴得熱鬧非凡。

二、蟬聲

記憶中的蟬鳴，是在八卦山上，那是滿山遍野的蟬聲，那時，和三兩好友，徘徊在相思林下，尋找鳴叫的知了。今天，在課堂上，不經意卻聽到窗外，後山的蟬叫聲。哦！夏天的腳步近了。

蟬是令人驚奇的小東西，它蟄伏在冷冷的泥土裏十七年，由樹根爬上樹幹，熱熱鬧鬧地蟬鳴一夏，而後蟬蛻而化，再回歸大自然。

蟬的高潔是被古人所讚美的，最早的時候有三國時代曹魏的陳思王曹植作蟬賦，他開宗明義即歌詠蟬的清潔，曰：「唯夫蟬之清潔兮，潛厥類乎太陰。」其後郭璞和梁蕭統都各有蟬贊，他們的文字簡樸清新，前者如：「蟲之清潔，可貴惟蟬，潛蛻棄穢，飲露恆鮮，萬物皆化，人胡不然。」後者有：「茲蟲清潔，惟露是餐，寂寞秋序，咽晰夏闌，豈伊不美，曜彼華冠。」

蟬像個仙風道骨的仙人，餐風飲露；可是在寂寞之後，卻為夏天增添熱鬧的華彩，豈不是極有趣的嗎？

三、雀巢

小麻雀喜歡做巢在高高的屋簷下，從前在師大舊圖書館的大門前簷就有許多雀巢，每回從那門前走過，總忍不住抬頭看那一巢啁啾的鳥鳴。

沒想到搬來和平東路，附近還有幾家老式的日本建築，寬寬的庭園，林木蒼綠，可喜的是樹顛屋角，築了許多雀巢，於是在清晨的微曦剛透，鳥鳴聲，此起彼落，清脆極了，交織成一曲動人的自然樂章。

閒來無事，坐在書房，靜靜聆賞窗外鳥聲，想像著小鳥們忙碌的樣子，暑熱頓消燕雀有燕雀的可愛，它們護巢愛家，銜泥築巢的精神，為人們平凡忙碌的生活增添一道彩虹。

你聽：窗外熱情不斷的啁啾鳥鳴。

有情世界

情是人間寶，人人有情人間才有歡樂。當老師有什麼樂趣？最大的快樂是受到學生的喜愛。像晚上上課前，突然發覺教室一片黑暗，仔細一瞧，有學生。推門進去，燈光突然閃亮，照著黑板上五顏六色的蛋糕畫，四周簽滿了各式各樣的簽名，上面大大的寫著祝老師生日快樂。全班快樂地唱著生日快樂歌。老師很狐疑，你們怎麼想要為我做生日？今天並不是我的生日。全班哄堂大笑。老師：今天是愚人節。

學生的可愛不止於此，有一回，一進教室，講桌上畫了一個心形，上面擺了二顆糖，旁邊寫著某某同學訂婚。老師向那位同學道賀，當事人卻說沒有訂婚，全班又哄然大笑。原來是開那位同學的玩笑，老師不禁莞爾。

去年的母親節，學生在黑板上寫著注音符號：人家說一日為師終生為父，我們說一日為師終生為母，並獻上一束繽紛燦爛的花，學生的情就像黑板上的符號一般稚情

爬高舉重的事不讓你做，擔驚受怕的事不讓你知曉，噓寒問暖、舉案齊眉，這是夫妻的情。描寫夫妻情深最好的是沈三白，可惜芸娘是古代的女性，如果他們生在現

代，會是怎樣的一對夫妻？

眾多情份中，最令人珍惜，也最可寶貴的是朋友的情，朋友不會嫌貧愛富，朋友不會因為偶然的不愉快或細故就斷了情，朋友是細水流長，日久彌新的。人的一生會邂逅許多舊的新的朋友，只有彼此都懂得珍惜這人間一點情的，才會永遠在一起，交織成一片有情世界。

附記：修蓉姊是一位惜情的人，今天在返家車上，偶然聊起她的生活趣事，有感記此。

你儂我儂的男主角

前幾年流行「你儂我儂」這一首歌，很少人知道它被傳為元初女子管仲姬的手筆，至於這首歌的對象趙孟頫，在年輕的一代聽到過的也極稀少。管仲姬是個才女，能書善畫，趙孟頫也是個不可多得的才子，詩書畫三絕。假如說沒有他，元代的詩壇、書壇、畫壇絕不可能如許活潑，也不為過。但是自從明代以來，由於衛道思想的風行，趙孟頫被冠以二臣的帽子，成為千古的罪人，被認為沒有節操，媚弱卑卑，沉冤七百年。

本文是對他的辯解。

南宋理宗寶祐二年（西元一二五四年）秋，九月十日，趙孟頫誕生在文風鼎盛的江南湖州郡（即今浙江吳興）。他的父親趙旹四十二歲，任平江知府。此後，趙旹得到南宋皇帝恩寵，官位逐年遞昇，直到趙孟頫十二歲，卒於臨安。這之前，趙孟頫享受著貴冑身份的童年生活。父親死後，家道中落，他和五兄趙孟頖都在十幾歲即出仕，謀得真州司户參軍的小官，以一個皇家宗室，卻只能謀一個小鎮上的差事，其家之困窘，可想而知。

趙孟頫二十六歲，南宋亡於造家朔漠的蒙古人手中，這一年忽必烈命人至江南訪求藝術之士，沒有趙孟頫。二十九歲，夾谷之奇薦舉趙孟頫為元翰林國史院編修，趙孟頫不肯。三十三歲，元世祖命程鉅夫至江南訪求遺逸，趙孟頫居首選，次年，隨程北上仕元。為何前兩次不出仕，這一次卻出仕，關鍵何在？難道誠如前人所言，只在忠不忠於南宋王朝而已嗎？

根據李鑄晉的研究，趙孟頫與趙宋王室，只是相隔十一世，血緣懸遠的疏屬，因而，雖說貴為宗室，其實只是生長在湖州的尋常百姓。以一個宗室遠裔，責備他不能死節，未免苛責。再說宋亡時，趙孟頫二十六歲，與年齡較大的錢選、鄭所南自是不同；至於另一宗室趙孟堅，宋亡之時已死，根據蔣天格的考訂，趙孟頫和趙孟堅，只是血緣懸遠的同宗，終其一生，兩人實無往還，因而兩人之間的種種傳說，只是後人對趙孟頫的侮蔑。

其次，根據清陸心源宋史翼引東陽縣志說：「趙若恢，字文叔，登咸淳乙丑進士。宋亡，避地新昌山，遇族子孟頫，與居，相得甚。時元主方求索趙氏之賢者，子昂轉入天臺依陽氏，為元所獲；若恢以間得脱。」可見趙孟頫的被荐登朝，實際上是帶強迫性的。也就是說，當時，天下江山已定，元廷國運正隆，詔搜遺逸，豈容任何人有所逆意。因此，前幾次元世祖南下搜尋藝術之士、搜訪遺逸，夾谷之奇的推薦，都可以躲掉、拒絕掉，唯獨程鉅夫之選推拒不得。在這種被逼的情勢下，趙孟頫只有出之以為民服務的苦心。事實上，趙孟頫出仕的前十年，據元史記載，所作所為皆為漢族百姓請命，那比之靦顏富貴的讀書人，豈可同日而語？

那麼趙孟頫又是個怎樣的人呢？

趙孟頫年輕時即有用世之心，出仕以後，一生致力於折衷漢胡文化，綜合儒家理學與元所推崇的佛老思想。觀其一生行事，雖受元世祖寵渥，卻一心一意為民生疾苦而努力，又不思居大位，以致對元世祖之垂青，屢次遜言力辭，終於力請補外，得以回到民間；其性格乃入世而沖淡者，因其有入世之心，故被逼出仕即不得已而仕，性格沖澹，故仕而實隱，在朝則為民謀福祉，個人生活則寄託於詩書畫。

趙孟頫與管道昇的夫婦感情甚篤，當時人比之為宋之趙明誠與李易安，生子亮，雍、奕，雍字仲穆與奕皆以書畫知名。趙管的婚姻生活，即使在今天也令人羨慕，趙孟頫稱管夫人德言容功，靡一不備，天姿開朗，翰墨詞章不學而能，處家事，內外整然，待賓客、應世事，中禮合度；可以說一個好妻子應備的條件，她都具備了，難怪寫得出你儂我儂如此深摯的詞呢！

蘭陽之旅

小時候對蘭陽平原的認識是雨，俗諺有竹風蘭雨，膾炙人口。元月廿六日午後，當我們由臺北北站出發後，車經北宜公路，遇到的不是雨，而是霧，一路上煙霧彌漫，幾乎伸手不見五指，車在霧中行，對於初次經驗的我，倒也膽顫心驚，然而，司機與同行者的篤定，使我安心不少。

夜的蘭陽，也是燈火輝煌，漫步街頭，冷晰的空氣，令人有無比舒暢之感。由於是歲暮，飯店裡，坐滿吃尾牙的公司員工，純厚的鄉情在熱鬧中表露無遺。飯後，驅車礁溪，我們領略到夜之蘭陽的溫柔，尤其一對對夫妻檔的舞客，舞姿之優美，為舞廳氣氛生色不少，一洗平日對舞廳的惡劣印象，交際舞是如此優美與正當，初次領會到。

次日，驅車東北角觀海，車沿著海岸急駛，澎湃的海潮拍打礁岩，捲起千堆雪，煞是壯觀，下車，三、五人沿著階梯上下岩洞、礁石，一邊觀海景、一邊尋找海螺、貝類，偶爾拍照留念，玩得頗為盡興，此處有鄉婦賣樣式別緻的金狗毛，我們挑了兩隻煞為可愛的小狗造型。另外有一人用毛草編極細小的筐與蝦，手藝極細巧，我們也買了一對留念。

接著驅車到新峰瀑布，由於山崩，景色破壞不小，但是東部山區的早春氣候，一股溫潤清涼已可以感覺出來。到了五鳳旗瀑布，真令人興奮，是元月天氣，杜鵑花卻滿山遍野地開著，不只如此，沿著石梯而上，眼前一亮，好大好美的櫻花，繁花濃艷，一團如火的開放，在萬綠叢中，甚是美觀。在我們的驚呼之下，嬌嫩的桃花與嫩葉也在眼前出現，梅花更不甘示弱的傲霜而立，於是梅的清香與高貴，桃的嬌嫩、櫻的俗艷，在一時之間，都令我們領會到了。

初春的氣息在蘭陽平原，真的早早顯露，我們看著飛泉而下的瀑布，空氣有濕潤清洌之感，迎春的梅、櫻、桃都開放了，這不是一幅動人的早春圖嗎？下山時，石階上佈滿落櫻，走在花上，那種感覺，充滿詩意，不覺想起黛玉葬花的淒楚，假使，她來此一遊，看著這遍地繁花？又當如何？

看海、觀潮之後，我們驅車遊湖，龍潭湖靜得出奇，遊客不多，湖中有鴛鴦、水鴨點點，由於出奇的寧靜，小舟入湖，更覺忘我，海的壯闊、瀑布的清新、湖的寧靜，一日之內都領會到了。遊完湖後，上岸吃三杯稚雞，談興極濃。

是黃昏時分，我們到了南方澳，接待我們的張君頗為風趣爽朗，在九九九海鮮店，我們吃到極難得一遇的海產，有旗魚肚、石牢、雞仔、深海貝等，一邊吃一邊聽張君暢談漁人生活的無奈與問題，煞為難得，由於漁人靠海天為生，因此異常信神，小小的南方澳就有無數的廟宇，漁人一有疑難，必定問神解疑，因此，連捕到一條稀奇的魚，魚名也由卜卦得來，張君說，比方布袋的南鯤鯓，在南方澳鯤鯓是相反的，寫成「鯤鯓」，因為問神，左為魚或右為聲，這個名字就由卜卦而定了，因此，此地有許多奇怪的魚名是不為外人知曉的。

吃完難得的海鮮，天已入夜，一行回抵宜蘭，明天太平山之旅，我們極欲一遇的是觀雪。

藝術與人生

藝術存在人類生活中，任何一個成熟的人，都會有自己的觀點與趣味，形成自己的藝術愛好，比方你喜歡聽費玉清的歌，他愛鄧麗君，每個人對藝術可能有他一定的看法，即使是模模糊糊的。例如對美與醜，對藝術的理想，每個人都可以有自己的判斷，這種初級的審美感受，正好表現出我們鑒別美與醜的趣味與能力。然而，任何審美感知不應該只歸結為感性感知，必須在某種程度上以理性為中介，亦即跳出主觀感受，而出自以欣賞、觀察的態度。

肚子餓了，看到太太燒好的獅子頭，晶瑩可口，香噴噴的引起食慾；走在馬路上，看到美麗的小姐，清新艷麗，想像她肌膚的滑潤、舒適，這些是我們人自然的欲望；在我們的四週，生活中充滿與藝術有關的感覺，無論觸覺、味覺、嗅覺、視覺、聽覺，無時無刻無一地不在激發藝術、感受藝術，藝術與人生是息息相關的。

由古代的藝術，可以見出人類生活的再現，比方看到唐畫中的美人，我們就了然其時女人的髮型、服飾、化粧，看到漢代的説唱俑，我們就知道當時説書的情景，這時藝術與生活彷彿是混然為一的。事實上，我們的生活依然存在藝術，只是我們不再去感受它罷了。

近時社會時興假日表演、種種繪畫、歌唱活動、花市、花藝表演，即在帶動藝術進入人類的生活領域，其實原始藝術或民間藝術都令人感受到逼人的生活氣息。尤其與人們生活有關的建築藝術、庭園藝術，其中之一花一木、一沙一石亦即生命的大千世界。

藝術除了生活的境界以外，也有性靈境界，亦即在追求藝術生命的真善美，真是藝術生活的再現，善是藝術道德的極致，美則是藝術生命的最高境界。美的感受是一切舒適、快樂的泉源，然而美的標準，因人而異。美是生命真實的感覺，只有感覺舒服、快樂、自然，即是美，自然是藝術的生命，例如你以為一件玩偶、一片沙石、一塊木片其中有美與愉悅的感受嗎？答案是肯定的，你就是有藝術生命的人。這樣的人生亦即藝術的人生，生活自然充滿豐富的活力、舒適與愉悅，這種感覺即美感。人生充滿美，生命自然不枯燥，許多不愉自然消失。因而，生活是藝術生命的土壤，唯有愉悅的人生，藝術生命才能永遠活潑有生氣，而因由現實生活淨化而生的美的情感，亦即一切藝術的本質；藝術是人類生活最高的境界，要提高生活品質，人人都需要由日常生活中培養藝術的情操。

初冬偶思

是初冬，是深夜，白天的喧囂歸於寂靜，靜夜裏，只有公共電視幽雅的樂音吐出和諧的旋律。隨著旋律我想像肢體柔美的律動，現代藝術包含靜的色感與動的彩光，舞臺的藝術家沉醉在表演中，我也在初冬的深夜裏，沉思起來。

記得去年的初春，我很高興臺北有新鮮、高水準的文化中心成立，如今，過了一年，在許多熱鬧的活動之後，新象有了資金週轉困難的消息傳出，國泰美術館也因為蔡家的不幸而關閉，這些不僅是某些個人的不幸，由於他們從事的是大眾文化事業，因而，也是大家的懷消息，文化是人們的精神，尤其藝術美化人類的心靈，是我們急切需要的。好像中秋的民間劇場，青年公園人潮洶湧，鑼鼓喧天，五天的熱鬧，替老百姓帶來一年值得回味的快樂經驗，而珍貴的民間藝術也因而留傳、遠播開來。我們渴望，像這樣屬於民間的或是國際性的大型藝術活動可以時常舉辦，為汲汲於庸碌生活的人們，帶出一些鮮活的色彩與旋律。

搬了新家，住屋前面有一棵高大的麵包樹，大大的像花一樣的葉子，層層而上，引人遐思，在這初冬的早晨，有暖洋洋的冬陽，站在陽臺上，對窗而望，那種感覺也是挺愜意的。

冬暖是這幾天格外體悟的感覺，暖洋洋的天氣，又不冷、又不熱，又沒有寒風，也無細雨，靜靜坐在青草地上，或是走在河堤海岸，看那海鷗迎著觀音山飛舞，有點點帆影點綴河中，走向海邊，藍天白雲迎面而來，在寧靜的淡水街上，在有綠蔭蔽天的小徑上，與朋友攜手耳語，那種感覺是美麗的。

這幾天在上莊子的逍遙遊，對於他那廣大遼闊的境界有所領悟，他以為一個能分辨內外心境平穩的人比不上一個超脫世俗的仙人，但是即使是一個能御風而行的神仙也比不上一個能駕御天地正氣，翱遊於宇宙天地無窮之境的至人、神人或聖人，其間的差別，一個心中有所期待，後者無所期待。至人是能忘我而精神達於天地冥合者，神人是凡事無所為而為者，聖人則不為名為利、無所待地自然而然生活者。我以為順其自然與開脫是莊子留給人們很好的精神食糧，假使每人凡事都能順其自然，有豁然開通的情懷，人間必然增加許多快樂的人與事。

初冬是溫暖的，我喜愛這種溫煦清涼的感覺。

這個暑假

這個暑假，因為有了主題，把雜事都辭了，生活得很單純，卻遇到了與往年不同的學生，懂事、知禮、有才華，而遠居異國的老友，也回來相聚，新朋友與老朋友穿插，為生活增添許多異彩，把它記下來，以為紀念。

一、用心

我不是個很細膩的人，有時候甚且粗心大意。這個暑假，我重新整理過上個月寫的一篇論文，結果全盤改動，幾乎是面目全非，這種結果很令自己驚訝，這是很平凡的事，用心想，原來也只在用不用心而已。

為了運動，我總是提前做晚餐，讓先生一個人吃，這樣持續了二、三天，學生突然對我說：「老師，從明天起，我們提早一小時出來打球，這樣你就可以回家做晚餐了。」我感受了他的細膩。

有一天，學生來家裏喝茶，坦然的溝通，談話熱烈的進行著，談了許久，最後大家都默然，無聲的言語迴蕩四周，彼此都很喜愛這種交流。

有一回，我出外去了，學生來找我，他們知道我不在，卻在門外，默默地等我。養魚、養花、養金絲雀，越是細緻的東西，越需要我們用心去體會，人與人之間的交往，豈不也是一樣？

二、運動

為了抵制日益發福的身材，我開始運動。

為了運動，我開始擁有規律的睡眠。

晨跑的時候，我感到腿痠，胃不舒服，久了，卻覺得沒怎麼樣。打球也是一樣，起初，氣喘、流大量的汗，滿臉通紅，現在卻像沒事人一樣。

運動的時候，遇到夫婦攜手漫步，婆媳款款細語，父親攜著小女兒，兒子扶著母親的情景，真摯幸福的感覺，掠過心影。每天總是在同樣的時刻，同樣的地點，看到同樣的景象，這些事就如同飲食、呼吸、喝水一般自然，其中的深邃，就值得我們細心去體會。

運動需要持之以恆，定時定量，否則效果不彰，今天，我才體會出這麼平常的道理。

這個暑假，由於運動，我感受到年輕的心靈，那般慰貼與理智。

三、年輕人

有一天，我到頂好附近的一家啤酒屋喝生啤酒，那是黃昏時分，不久，陸陸續續來了許多年輕人，他們的青春年少，開放活潑，為啤酒屋帶進了一股活力，我靜靜地欣賞著。

在我們年輕時，生活單純寧靜，最大的活動是成群結隊到郊外走走，或到校園拍照；今日的少年，卻隨處展現他們的朝氣活力。

我看著他們的笑靨，欣賞著他們閃爍的青春，感覺真美。不禁希望燦爛的青春永遠掛在他們臉上。

他們永遠年少。

四、老友

酒是愈陳愈香，友情也是一樣。

老朋友瑛，從日本回來，打電話給我，訴說著她的小女兒的瑣碎，我靜靜地聽著；那一天，正巧我鬧著情緒，覺得人生乏味，就像她訴說她的日常一般地，我也把我的心緒告訴她，當我說到我覺得生活很無聊時，她哈哈大笑說，於是，就接到我的電話，是嗎？然後，我們縱聲大笑。

十多年前，我們經常成群結隊去露營、烤肉。

這些朋友有的出國，有的事忙，只剩下少許常相聚會。

這兩天，幾個老友相偕出遊，目的地是上巴陵。

站在高高的山崗上，群山環抱，龜蛇山的景緻，就在我們腳下，一彎流水，碧綠深邃，一段橙紅的吊橋，在山塢中，平添幾許幽雅，老友笑問：「請問流水，它將流向何方？」笑答：「問青山。」於是，彼此會心的一笑。

主人熱情的款待，我們放懷高歌，縱情喝酒，累了席地而眠。

清晨，木屋中，我與桐生、芳伶擁被小憩，訴說著希望住在綠色森林裡的美夢。

仲夏隨想

一、包松樹皮的電線桿

日本人為了尋求視覺的美觀，在古蹟旁的松林，一根根為電線桿穿上外衣，他們的街道整潔，秩序良好，不喧嘩，不混亂，更加上近幾年高度科技發展，將含有環境污染的工業引渡到東南亞各落後國家建廠，使得日本本土的空氣較早年更形清爽；反觀今日，我們正在求經濟的發展，科學工業的突飛猛進，生活品質的提高與文化水準的提高更是刻不容緩，尤其各種工商業的突進更應該落腳於十年、二十年後的臺灣社會，使未來的臺灣真正成為人間的寶島，而不是成為污染、犯罪的淵藪，樹立自我的形象，促使人人自尊自重、整潔有禮貌、守秩序，相信即使我們的電線桿不包外皮，而我們的環境將是超水準的優美自然、清新幽雅。

二、情感與理智

去上課的途中，同事跟我談起有一位朋友由於平日受不了妻子的奚落於前日自殺了；正巧，報載士林區有一男子由於經商失敗，妻子離異，而毒殺六個親生兒女，自己再飲藥自殺。聽和看到這些消息，使人想到人性的脆弱，使人無以自持，更可悲的，由於自己的了無生趣，甚而殘害六個無辜的幼小生命。生命的保障在那裏呢？記得數年前在京都，途經東大寺門外，看到寺院牆圍榜書幾個大字：「生命是一種喜悅。」那時我只覺得突兀，如今回想起來，許多簡單的哲理，卻是恆久的力量，假使一般人懂得生命本身即是一種喜悅，我們活著，不論處境多麼尷尬、無奈，我們也懂得珍惜它，使生命本身不僅存在，而且能夠再放光明。

希望我們的社會，理智勇敢的人多於感情怯弱的人。

三、送舊

是中南部鳳凰花開的時節，是北部梅雨霏霏的時分，許多莘莘學子，每年在這個時候，離開黌宮，踏入社會；學校有著迎新送舊的晚會舞會，而在我的心海裏，也有著此起彼落的浮沉。每年看著新孩子進來，我為他們欣喜；一年以後看著他們長大，我為他們祝福；四年後，等他們即將畢業時，我們企盼什麼？

這一年裏，我與我的學生相處得很愉快，由於他們的信賴，我獲知他們的滄桑；年輕的孩子卻閱歷了人間的悲歡離合，欣喜與慘痛；我為他們慶幸，也為他們痛惜。

一年的緣份即將終了，而我能為年輕孩子們做的，也僅止那過去的有限一年而已。讓我們珍惜我們相處的機緣。

夏之絮語

一、計程車

讓我們生活在整潔舒爽的環境裡，需要由人人做起，今天我們不是看到新聞報導說：「美化生活必須由個人做起。」學者專家呼籲人們多多蒔花種樹、家家注意環境衛生以及整體的觀瞻，不要以個人之私利影響大體的利益。

禮拜二上課時，不經意地攔下一部計程車，一開門頓覺眼前一亮，整潔的座椅，車身無一處不令人覺得清爽悅目，我不由得讚賞起來：「好一部乾淨舒適的計程車，如果人人都如此，那該多好。」

司機微笑地向我解釋：「我的車是個人的，每天都沖洗，而且每跑五千里，一定進廠保養，我都進大工廠，雖然比較貴，但是做得信實；現在換班的計程車，沒有一部不是髒兮兮的。」

開計程車是一種自由的行業，因而良莠不齊，有拾金不昧、勇於救人的司機，也有素行不良、打家掠舍的計程車；臺北的交通混亂，計程車成為市虎，一向為世人所垢病。真的沒有辦法改善嗎？

記得數年前在日本，坐計程車前往友人家，一路交通舒坦筆直，而車子前後一部部循序漸進，車與車之間保持一定的距離，遠遠看去，非常美麗，交通暢達有序，一點也不混亂，使我大為讚佩，人家的計程車司機可真保守。而司機也是態度溫和有禮，白衣黑領結，整潔親切。

其實不只是計程車，還有大行其道的摩托車，如果都能保持整潔、不亂放油煙、守規矩、有秩序，我們的環境將不知道有多美好。

由於這一次經驗，使我決定以後如果遇到不乾淨的車子或無禮的司機，寧願犧牲小錢，說一聲對不起，儘快下車，或許這是我們可以做到的。

二、童稚言語

下課後，歸途中，聽到一位同事向我敍述另一位同事小孩的妙言妙語，聽來實在有趣，於是錄二則於後，以為賞心悅目之資助。

媽媽由於教的是夜間部，工作也多，因此常常上課到很晚才回來，兩歲多的小女兒，每天都癡癡地等媽媽，媽媽一進房，小女兒瞪著烏溜溜無邪的大眼睛，嘟著小嘴說：「媽媽，你是一個壞媽媽。」

去年的聖誕節快到了，小女兒跟媽媽要聖誕禮物。

「媽媽，我可以向聖誕老公公要聖誕禮物嗎？」

「可以啊！」於是媽媽看到小女兒，煞有其事地仰天對著天空說：「親愛的聖誕老公公，我很乖，請你給我聖誕禮物，我要剪刀。」

童稚的言語是人間最美麗的語言。

三、書蠹

一向不曾見過書蠹蟲是什麼樣子，前幾天總算讓我開了眼界。

家裏有一本北齋畫冊，是由舊書店裡翻尋出來的，北齋是日本浮世繪巨擘，可惜頁頁有蟲蛀，只剩下一部空有其表的書了。

蠹蟲經年累月的啃食書冊，使得一本本美好的書，終於面目全非。

舊書店的老板找出這本書時，很不好意思地要丟棄它；我覺得可惜，就連其他的東西一起包回來了。

蠹蟲它一年一年，一天一天的吃著書，它是不是自己覺得很有學問呢？

我好奇地翻尋。總算讓我在面目全非的書頁裡，看到它的真面目了。

人還是不要成為書蠹蟲的好。

四、西銘

這是初中時讀過的一句話，前幾天又回到腦子裏來，給我的感覺卻不一樣，因此把它記下來。

張載的西銘，很多人都知道，他傳世的四句話，影響明清兩代的很多讀書人，我也是在諄諄善誘的師長處學來的。

小時候聽到這句話，只覺得廣大，心胸為之一闊，於是也很想成為一個經世濟人的學者，雖然如今只是一個很平凡的女人。

那四句話是：「為天地立心、為生民立命、為往世繼絕學、為萬世開太平。」本來這句話只是宋代一個負有國家重任的學者講的一句話，對現代追求高度文明的眾生而言，好像是很不切實際的夢語。

那天早上我在散步時，突然想到：「為天地立心可以解釋為替宇宙尋找一個更新的秩序來，為生民立命可以詮釋為替人人找出一個更好的生活歸屬；為往世繼絕學是替文化開創新局，為萬世開太平是說安和樂利的社會在於由人人身上做起。這只是四個不同境界、不同層次的目標。」

或許這是毫無根據的謬論，但是對我而言，這四句話不再毫無意義了。

傷情兩帖

其一

六十六歲的老人趙子昂對著滔滔而逝的江水，想念剛剛逝去的妻子管道昇，結婚卅年，夫人對他恩愛逾恆，照顧他無微不至，好不容易他們終於獲得皇帝的許可，可以回家，同享盼望卅年的自由、清淨的日子，可是管道昇她就那樣狠心地、不甘心地閉上眼睛，離他而去，江南！江南！渴望的江南，就在眼前，然而，從今而後，煙波江岸，叫他這個孤獨的老人如何獨自活下去？他突然覺得自己也像死了一樣，活著不如死去的人啊！

趙孟頫回到家鄉已經三年，雖然兒子趙雍非常孝順、體貼，但是三年來，沒有一天他不想起妻子管道昇，每天很堅持地、理性地在兒孫輩眼前生活下去，只要有一會兒清淨，眼前無人，回憶就爬上他孤寂、想念的心中，和道昇共同生活的一點一滴，好像越來越清晰地浮現在他腦中，許多以為不記得的陳年老事，越來越鮮明的復活了。啊！道昇，這三年來，妳覺得孤寒嗎？而那卅年的往事，對我卻像夢幻啊！

很早就知道妳聰明過人，老管公決定要把妳嫁給我時，我是多麼高興啊！婚後，妳隨我到杭州，然後北上京師，對生妳養妳廿八年的父母，妳有很深的依戀，南人北來的寂寞妳也能深刻體會；然而，每次我朝罷歸來，總看妳朗朗暢暢的笑臉相迎，妳的達觀和自信，輕輕地拂開我心中的陰霾，吃過飯，妳總會拿出白天所作的詩、畫的畫、寫的字，要我幫妳改動，然而，我卻看到詩情、畫意，字中蘊涵無限的天趣；妳不學詩而能詩，不學畫而能畫，那一份天然的樸拙，是我最喜愛的；也是因為如此，所以當我看到那一首你儂我儂時，我真正被妳感動了，任是誰再對我甜言蜜語，也不如妳的情真意切。那一刻，我才知道，妳真正愛我，妳真的愛我，我這樣對自己說著，直到天明。從此以後，無論是生活上，無論是精神上我依賴妳比從前更殷切，道昇啊，妳也令我信賴，孩子教得那麼令我滿意，家事也處理得井井有條，對待賓客、處理世事，妳都表現大家風度，中禮合度，令大家稱賞。妳給予我的安慰，或許，連妳也不知道吧！

雖然皇帝很欣賞我，雖然我過著人人稱羨的榮華富貴的生活，但無一時無一刻，我不意識著自己是個漢人，是趙宋宗室之後，才得受此禮遇！一想到這，我每每心如芒刺，為了江南百姓，為了所有的漢人，也為了傳續漢文化，為了我自己的抱負，我在做人質啊！這種痛苦，這種心情，只有妳了解，那一天，妳笑著把漁父詞拿給我看，我心裏覺得慰貼了，至少世界上有一個妳了解我。妳要我禮佛，三年來，也只有佛法慈悲，帶給我無邊的慰安了。

道昇：雍兒真像妳！但是，我們卻無法像和妳在一起一般相知相契。妳知道，這三年來，我只寫了一部孝經。每天就這樣似夢似幻、如醉如幻地在思念著妳的意念中過日子。

明天，只要我一醒來，道昇：妳就回到我的心中，伴著我到另一個天明，妳可知道？

趙孟頫就這樣在三年後，隨著管道昇而逝。

其二

婚姻生活異常幸福，夫婦分享相知相悅的快樂，由現有的資料來判斷，恐怕趙孟頫與管道昇的情，比不上趙明誠與李清照。李清照在金石錄後序已經把她和趙明誠的相知相悅描述得細膩而生動，令後世讀它的男女，沒有不為他們的幸福與深情動容的，更何況李易安無子，在北宋社會，趙明誠依然對她一往情深，由兩件事可以看出趙明誠對李易安的膩愛，那就是發生在他們結婚二十多年以後的事，一是雖然國破家亡，但是逃難建康的李清照，由於能和夫婿重聚，她的心情是非常快樂的，因而時常踏雪尋詩，並且要求趙明誠一同唱和，然而，趙明誠只是自覺痛苦卻不掃李清照興致。一是趙明誠從小喜愛收藏古文物，有一天得到白居易愣嚴經，他高興得騎馬疾歸，為的是和李清照共享翻閱此書的快樂。結婚廿五年，一心一意還只想著妻子，趙明誠對李清照的愛是無法言喻的！

李清照得著這麼深的情，失去趙明誠的苦痛，想來必定比他人深切十萬倍以上，那種無邊無盡的相思，無時無刻，揮之不盡地會突然爬上心中，像蠶食一點一滴地酸蝕你的心，這種相思的酸楚是那樣輕悄悄地，深深地存在心裏，描寫這無邊傷情的文人雅士，沒有人比得上李清照真切。

我們讀她的一翦梅：「花自飄零水自流，一種相思，兩處閒愁，此情無計可消除，才下眉頭，卻上心頭。」寫的是相思，相思雖苦，但還有個人在那兒，任你癡心妄想。假使連個可想的人也沒有了呢？那日子可要怎麼過？

蝶戀花：「酒意詩情誰與共，淚融殘粉花鈿重。」哭了，寫流淚，寫寂寞。

孤雁兒：「小風流雨瀟瀟地，又催下，千行淚。吹蕭人去玉樓空，腸斷與誰同倚，一枝折得，人間天上，沒個人堪寄。」淚流不盡，只因為傷心孤寂。

無邊的孤苦，無邊的寂寞，除了以淚洗面，對人事再也沒有任何心情了，這樣的生活只有愁苦而已。

武陵春：「物是人非事事休，欲語淚先流。……只恐雙溪舴艋舟，載不動，許多愁。」

因而，動人的詞中長調「聲聲慢」出現了：「尋尋覓覓，冷冷清清，悽悽慘慘戚戚。乍暖還寒時候，最難將息。三杯兩盞淡酒，怎敵他，晚來風急。雁過也，正傷心，卻是舊時相識，滿地黃花堆積。憔悴損，如今有誰收摘。守著窗兒，獨自怎生得黑。梧桐更兼細雨，到黃昏，點點滴滴，這次第，怎一個，愁字了得。」

千古傷情，莫如李清照悲痛，佳人何堪？

寂靜之美

詩最能顯現寂靜之美的是王維網川集諸作，那是一種寧靜、忘我、平和的思維和生活感受，屬於心靈地而非社會的。比如標題為「鹿柴」的詩：「空山不見人，但聞人語響。返景入深林，復照青苔上。」第一句先點出不見人的空山，第二句再說明空山雖不見人而確實有人。然而，雖然明知有人，心中嚮往地是那夕陽返照的霞光下一片林木深深的自然，光是動的由深林而青苔，也在這光的包容下，我們感受到自然的寂靜、自然的生意。

王維詩中的靜是活潑生動地活水而非無聲無臭地死寂。我們看他的另一首「辛夷塢」，寫網川的景緻，依然是動中孕靜。詩為：「木末芙蓉花，山中發紅萼。澗户寂無人，紛紛開且落。」這一首作者依然隱而不現，以雲無心而出岫的自然手筆，描寫自然之景。山中自然而然長出的木本芙蓉，也在山裡自然而然地開花了，而一旁的溪澗靜靜流動，只有花開與花落，樹上一片燦爛，樹下也一片繽紛，自然地大地，卻是寂靜無人的山林。

「辛夷塢」用白描的手法直接寫山林的寂靜之美，「鳥鳴澗」中，王維更用比襯的手法，烘托寂靜的可愛。詩為：「人閒桂花落，夜靜春山空。月出驚山鳥，時鳴春澗中。」「桂花落」使我們聯想「澗户寂無人，紛紛開且落。」的自然之景，花自開自落，春夜的山林也是一片寂靜的，然而，在靜寂中，卻有月出、鳥鳴、花落的動態美，月出帶出了光、帶出了鳥、帶出了聲音，因而花落也非無聲無臭了。用「驚」字使人有猝然一發的心悸，也呼應了下一句中的「鳴」字。

由王維詩喜歡自然，喜用靜寂字眼，我們可以了解王維是詩人中擅於領略寧靜之美的作家。詩人能在大自然中捕捉寧靜的趣味，反映出詩人平和的心境，而這種心靈的平和也是欣賞寂靜之美，最主要的因素。這幾天，獨居一室，雖然屋外車水馬龍、車聲喧囂，晨起亦時而有鳥鳴蝶飛，然而，卻有寂靜的感受，於是翻翻王維的詩集、聽一聽孟德爾松的音樂、伸一伸腿、埋入籐椅裡，或是靠著書架、坐在地氈上，都感到無比的輕鬆與適意。

平和的心境，使我領略到寂靜之美。

* * *

王維是詩佛，而被尊為詩仙的李白也能了解這種寂靜自然之美。

我們來欣賞李白的「山中問答」，詩為「問余何意棲碧山，笑而不答心自閒，桃花流水窅然去，別有天地非人間。」起首第一句假設語，以問答方式來描述心中自然的感受。「笑而不答心自閒」這是不答而答了。「桃花流水窅然去」是寫景也寫情，「別有天地非人間」直陳自然山水是人間之外的另一境界，不是人間的熙熙攘攘。詩人對自然山水的評價是高遠的。詩人在山水之中，心自閒，而這也是能了然自然界寂靜活潑的美感所發出來的自白。

另外「月下獨酌」，詩為：「花間一壺酒，獨酌無相親。舉杯邀明月，對影成三人。月既不解飲，影徒隨我身。暫伴月將影，行樂須及春。我歌月徘徊，我舞影凌亂。醒時同交歡，醉後各分散。永結無情遊，相期邈雲漢。」

由這首詩使我們領會到不甘寂寞中的寂寞。詩人的心靈是寂寞的，從而想到月兒的寂寞，李義山不是說「嫦娥應悔偷靈藥，碧海青天夜夜心。」「獨酌無相親」說明詩人的寂寞，因而舉杯邀月，對影三人。月兒雖然寂寞，影子也是無聲無息的，但是月兒、影子都是無情物，不若詩人有情，因而詩人只有以酒澆情，在酒精的作用下，詩人、月兒、影子交錯迷離，是耶？非耶？是人？是月？還是影？這是多麼深摯和無奈的情。詩人的深情既然無法解脫，只好與月兒永結無情之遊，相期於天地雲漢之外了。

李白是多情的，「月下獨酌」顯出他情多的惆悵。因為他的多情，更使他領略出無言之美、寂靜之自然。詩人能領略自然界平和寂靜之美的心聲，由「獨坐敬亭山」一詩見出。詩為「眾鳥高飛盡，孤雲獨去閒。相看兩不厭，只有敬亭山。」起首兩句用「盡、孤、獨。」寫山敬亭山的安寧，由於山高景謐，致使詩人「相看兩不厭」，是詩人喜愛山林的寧馨？還是山林喜愛詩人平靜的心靈？

一種靜寂之美躍然紙上。

端午節四帖

一、佳節思親

唐代詩佛王維「九月九日憶山東兄弟」有句膾炙人口的詩：「獨在異鄉為異客，每逢佳節倍思親。」很幸運地我一直生長在生我養我的土地上，因而，我也缺乏旅人落寞無根的愁悵。但是，今早我獨自一人踽踽在雨中行，突然想到端午節快到了，也想起了佳節倍思親的王維，其實，我的親人也是住在中北部的，身在台北，心在他鄉。那種縈念並不因為距離的遠近而有所差異吧！思緒散開來，像傘外的雨，一絲絲細細的、密密的，編織起許多遠離親友的臉譜，端午節到了，他們是否在旅居中，會想起故鄉的一切呢？

就好像你托人捎來的信息：一切安好一樣，我也要告訴你——我一個人在家裏，生活得充實而美好。實在説再沒有比我更幸福的了，擁有許多關懷和愛意，每晚媽媽會捎來一個電話，看我是不是安全？妹妹在百忙中也會突然出現，只為了看我一眼。我無拘無束地早睡早起，日子毫不疲憊，有的是滿心的愉悦。於是我只有想到，怎樣將這美好，與他人分享，文字就像今年的春雨一般豐沛了，春雨：舒暢的春雨；它滋潤了大地與秧苗！也潤澤人們乾枯的心田。

春雨帶給我們一個有意義的端午節，在雨中，我也悄聲祝福！祝福在異地的你！

二、香包

端午節在街上並不怎麼引人的是博愛路街口迴廊下的香包，想起小時候市場上充斥的香包袋，而今已成追憶。不知從何時起我有搜集香包的喜好，因而我擁有不少的香包：有小艾虎、粽子形、蚌哈形、心形、公雞、猴子、老鼠等各式各樣的，至今香味依然，其中最可愛的是艾虎與猿猴，艾虎的額上用毛筆寫上個王字，小小的造型玲瓏有趣，猴子的造型刁皮異常，給人齊天大聖的頑皮感。

為什麼我會喜歡不起眼的香包，或許那是對童年生活的一種懷念吧！小時候過端午節最快樂的一件事就是上市場，市場上熙熙攘攘的人群中，賣香包的小販，最引人注目，手中的香包袋，五花十色，極鮮麗好看，並且香氣襲人，令人把玩不止。

再大一點，自己會做香包，對香包無形中更有一層親切感；在台北，每一年要過端午節，我總忘不了找香包，前幾天，偶而在博愛路看見了，真是欣喜異常，挑著挑著總拂不去那一陣憾然，香包不似從前的細緻精巧了，香味也不純，用的是劣質的花露水，在遺憾中，我總算找出艾虎的香味不變，頗具天趣。

現代的媽媽還可以上街買一隻黃色的小艾虎，至於像我們小時候，可以在許多的香味怡人的香包群中把玩，穿梭的樂趣，現代的小孩是找不到了。

而古時候，香包是婦女們家中最逗人喜歡的女紅之一呢？

三、粽子

粽子從前只有在端午節才吃得到，現代則是只要你喜歡隨處可以買得到的日常食品。可是在端午節家家户户包粽子的習慣，至今還是不變的；雖然前幾天在報上看到一家食品店的廣告，企業化經營肉粽，打電話貨品就來，這家的宣傳單也送到家裏，但是我還是喜歡自己包的粽子。

每個人包粽子用的餡不同，台灣式、廣東式、湖州式，粽子的種類各式各樣，即使是同一式的粽子，因人巧思，做出來的粽子，味道往往也不一樣。我最喜歡吃的粽子，是媽媽包的粽子，用的餡山珍海味，用的米也特別香醇，吃起來格外香醇爽口。

就好像清明節想念媽媽包的潤餅一樣，我也想念媽媽的粽子。

包粽子是一件繁複的工作，洗粽葉、洗粽繩、炒餡、炒米，再一個一個細心的包；現代社會如果想擁有一點別開生面的生活情趣，有些事情，還是自己動手的好。

四、屈原

過端午節，不能不想起屈原，這個二千年前可憐的愛國詩人，居然成為民族的文化之一，想必不是他始料所及的吧！

現代高度文明的社會，我們不希望出現如此悲壯淒楚的事，我們卻希望多多有這麼可愛的人物。或許說這麼可愛的傻瓜吧！

屈原除了他的精神感人以外，他留給我們的楚辭——楚聲楚語，也是撼人的愛國呼聲，他以無比真摯的情感寫出的篇章，終於使他成為二千年來不朽的詩人。

過端午，我們想起詩人的情深義重，我們也要揮別詩人的淒楚，創造一個健全達觀的社會。

端午節是暮春最後的一個節慶，過了端午，炙熱的夏天就來到人間；別忘了！買艾草，除邪佈新。

讓端午象徵著這一年嶄新的、豐收的開始。

生活之美

美是生活的，它應該自小就培育。美的屬性很廣泛，舉凡日常日用都可以講求美，一個人如果自小就了解美、懂得美，他的生活素質，自然會提昇。他追求生活，應變自然的能力也會加強。

健康的美不是色情，不是頹唐，不是靡靡之音，而是一種穩定、平和、愉悅、自然而清冽的感受。人如果從小就懂得平和清新的美感，往後的待人處世以及自我的調適自然會發揮一種美，而享受生命的喜悅與成長。

愛是一種美，懂得愛的人就懂得珍惜生命、喜愛眾人、發揮愛心，那不只是及於人也及於其它萬物的。我們看一對情人相擁而吻，會感覺到愛情的美妙；然而，自然的美景、童雅的笑靨又何嘗不給我們一種美？

美不是虛幻的，它是真真實實籠罩在我們的生活中。宴客飲酒如不流於機械、商業化，而是文化的交流、生活的介紹，那豈不是兩全其美？假如商人都能夠懂得美，社會自然會更清新更有秩序。

乾淨是一種美，清潔的空氣、清潔的環境、清潔的心靈，使人生活得舒爽而愉快，就是一種生活之美。一個懂得如何愛惜生命的人就懂得如何愛惜自己，也更懂得如何愛惜社會，清潔之美是人人急切需要的。

自然也是一種美，樹木使土壤肥沃，樹木使山林壯大，樹木使人心愉悅，樹木使驕陽柔媚，現代化的都市讓大廈林立，莫若配之以樹木森森。公園綠地以及花木林立的街道是我們需要的自然景觀。

美不是一種奢侈品，它是隨時隨地隨處可以感覺，可以表現的美感經驗。如果說鬧區給人豪華之美，而整潔乾淨的小鎮，也會令人產生小家碧玉的美感。如果說貴婦令人喜，而即之也溫的村婦也令人愛惜。

美是一種平等的感受，美也是一種最自由的心靈，由於享受，因而更使人追求美，由於美感的追求，人類自然在平和中茁壯成長。美的種仔播種在人的心田裏，生根發芽茁長，人的生命也自然豐悅了。

中國是最講究生活之美的，我們看歷史留給我們的文物，無論繪畫、書道、青銅器、玉器、陶瓷器，無一不是與生活有關的日常用品。我們由學習中了解到文化的意義和文化的素質，這是生活的文化之美。

現代生活最講究美的是日本，可以說日本人上上下下都懂得追求美，舉凡它們的生活，飲食起居、日用、交通、居處，一一都給人整潔雅緻的美感。我們都知道，日本文化滲揉著唐宋文化的痕跡，這種美和雅的追求，產生了現代日本的文明。

臺灣是美麗的寶島，它有它島國文化之美，也有它來自大陸的文化美，我們生活在這樣自由平和的社會，應該如何整齊我們的腳步，使美麗的寶島成為人人稱羨、人人讚譽的福爾摩沙？這也是生活之美。

美來自我們的心靈，它是取之不盡用之不竭的感受，小時候如果我們就懂得了解美、追求美，長大後，我們也就懂得如何去愛護美、關懷美，美感經驗不是少數人的，應該是人人應有的生活享受。

美是生活的，文化的根才能紮實。

美麗的萬年青

後園種有一棵美麗的萬年青，為何冠之以美名？不在它有五根由下往上彎曲，姿態顧盼生姿的曲幹，更不在它那綠意盎然的枝葉，你知道它已經種了十多年，卻永遠經冬不謝。最近我才發現自己的疏忽，何以它永遠高大不起來，由於它沒有經年累月適切的培育，它不是溫室裡的花朵，也缺乏人工肥料，十多年來，只那一把土種在那小小的盆栽，風吹日曬雨淋；當它要吐新芽時，養分被別的枝幹吸去了，只好吐不出來，在幹上留下一棵圓痣，於是永遠是這五株曲幹，葉片由小而大，由嫩綠而枯黃，由春至冬，我以為它會變成枯枝而萎，它卻永遠在料峭的寒風中，以短短的芽在顫抖，莖老葉枯卻生意永存；春雨中，一下子，突然見它活過來了，莖汁飽滿，葉片新綠，新根再現，它是一棵永不凋謝的萬年青，給我極為美麗的感受。

人生中與萬年青一樣，由被疏忽而被留意，終竟發現它的美麗的、俯拾皆是。

* * *

我很喜愛雪白的顏色，尤其想像白蓮的美麗。

沒有讀過佛經，不知道蓮座確切的顏色該是什麼？但是家裡貼著一張西藏的曼陀羅，蓮花瓣的顏色卻是五光十色的，有深藍、深綠、紅、白、黃、金等。底部的白，像光一樣，給我一陣清新不絕如縷的生意。

雖然七星山入冬即降瑞雪，雖然合歡山整個冬季都是白雪皚皚；可是我至今還沒有腳踏雪地，旋身在一片銀白、雪樣世界看大地的經驗，也許是這些遺憾，使我喜愛雪白的顏色吧！

母親節那天，出乎我意料之外地，我的大姪女良夙在電話線的那端，祝賀我佳節快樂。我確然沒有想到我在十幾歲的少女心目中，已經儼然是個母親。這個發現使我心喜。「媽媽！祝您母親節快樂！」這一句我對母親祝賀的言語，突然由良夙口中傳入我耳，那一陣悸動，並非筆墨所能形容的。而孩子的天真無邪、小孩的可人，就在這裡了。

小孩、少年、青年，甚至於大人，都有可能擁有一片雪白的心意吧！這未嘗不是一種美麗。

* * *

禮拜二上淡江授課的途中，在車上看到一片清波萬里煙霧朦朧的淡水，尤其觀音山上的峰巒被白雲籠罩，雲嵐在山間浮游，或密或疏，或淡或濃，煞是好看。觀音山上的樹木，一片蓊翳，襯托著煙雲，像似米家山水，車過橙紅的關渡大橋，進入校區，周圍花木扶疏，亦是一片新綠，真是舒爽開朗。

花木有移情的作用，每回車過中山北路銘傳商專一帶，我總喜愛那一片扶疏的夜景，特別在暮春入夏的時刻，樹葉的青綠給人慰貼爽朗的感覺。山水花木之美實在有無窮的意趣存在。

美麗的自然景觀要靠人為的力量照顧和保護，如果淡水的河丘上有水鳥群棲、鷺鷥翱翔，那在春水長天下，不知有多舒暢！多美麗！

* * *

住在都市要聽蟲鳴鳥叫，是一件奢侈的事。然而，在我家的窗外，常有鳥聲啁啾，有一天我駐足坐在窗下看書，而細細品味窗外的鳴聲，有的啁啾、啁啾地清啼，有的鳴聲十足而不斷，聽著聽著恍如如入園林而忘此身累贅。這令人想起陶淵明的「讀山海經」，詩云：「孟夏草木長、繞屋樹扶疏。眾鳥欣有託，吾亦愛吾廬。既耕亦已種，時還讀我書，窮巷隔深轍，頗迴故人車。歡言酌春酒，摘我園中蔬。微雨從東至，好風與之俱。汎覽周王傳，流觀山海圖。俯仰終宇宙，不樂復何如！」

雖然不是回歸返自然，而在喧囂的都市中，能夠聽到鳥鳴鶯啼，又有凱風徐來，也是人生一美，生活之樂了。

山水清音、凱風細雨這一切都是美麗的。

夏日小語

璞玉

南山有塊石，粗糙而堅硬，北山的玉工看出它的不平凡，悉心地琢磨它，日以繼夜，夜以繼日，一刀一杵，一點一滴，終於石面的灰石剝落了，內部的亮麗顯露出來，那是照耀人間非凡的寶石。夫妻就像玉工與石，琢磨成功石變玉，琢磨不成玉成石

懸解

生活中有得有失，得失終於影響人的苦樂，日復一日，年復一年，人於是失去了敏銳的感覺，成為一具平凡的時鐘。莊子說安時處順，苦樂不入，謂之懸解，又說得是時，失是順，要人能安於得失，哀樂不入。人真能平和地處於得失之間，人終究不是一只沒有感覺的時鐘。

友情

友情是很奇怪的東西，幼年時一知半解，青年時甜甜蜜蜜，中年時清淡如水，老年時甘爽有味，但有多少老年能擁有相知相樂，相繫相伴的友情？雋永的友情，沁涼溫馨，冬夏得宜，我所知道的有湘潭詩人李漁叔與蘇州畫家吳子深、北平莊慕陵與安徽臺靜農。

金玉

對金和玉感受最深的時刻是十幾年前，被吳子深老師稱為金童玉女時，那股欣然，那股愉悅，至今想來依然是令人心悸的。幾天前與一個同事聊天，突然記起這件事，我就抿著嘴告訴他，他調侃著說，現在都不是啦，而是大理石。我哈哈大笑，卻也怵然一驚，總不能老醜吧！

曠達

至今給我有恍如與莊子逍遙遊一般曠達自適感覺的人，是已經故世的前故宮博物院副院長、文化大學藝術研究所所長莊慕陵先生。莊老師也是一位大書家，他的一手瘦金，一直到現在尚無人能出其右，至於他生活上的達觀自信，恐怕也是沒有人比得上的自然吧！

感覺

感覺是一件奇妙的事，有時突然感到欣喜，有時卻莫名的懊喪，有時覺得福至心靈，有時卻絞盡腦汁也覺得乾乾澀澀。這幾天在讀日文，眼觀、耳聽、口述、腦記，心手皆到，但總覺得學不好。朋友的日文還算高竿，他看出我的笨拙，就說了一句：要憑感覺。任何事誰說不是呢？

朝暮

朝三暮四和朝四暮三，所獲得的橡子數數目一樣，可是一則以怒，一則以喜，為何？人也如猿猴一樣，適意則喜，反之則否嗎？莊子裡舉了這樣的例子來譏刺人性。其實現在人已忘了它原始的本意，以為朝三暮四或朝四暮三是舉棋不定的人了。

自然

自然使人生氣盎然，自然也給人恬逸的感覺，住在城市的朋友，有時不妨乘興與自然相處一陣子，幾年來在例假日，我們養成到故宮拜訪莊老師的習慣，於是茗酒相敍，聽老師談笑風生，一家人往對面的小山走走或下山繞故宮一圈，名山美景，真足以消除一星期的塵囂呢？

飲酒

酒使生活多采多姿，如果在適時適情時，它是很美妙的。陶潛說：「歡言酌春酒，摘我園中蔬。」人與酒與自然融合而為一。暇時與知友二、三，飲酒敘談，是很暢懷的事，適量的酒增加生活的情趣，但可別酗酒。人與人之間，都能「過門更相呼，有酒斟酌之。」豈不適然？

品茗

喝茶也是生活中的一道小趣味，工作累了或油膩吃多時，泡一壺茶，真是爽心潤肺的妙事。尤其佳朋滿座，一一斟之，情味盎然，品茗如果又講究茶具，那也是另一種情趣，小小的壺，小小的杯，一邊聞，一邊品味，在燈光茶影中，疲累皆消，品茶的趣味，實在並不亞於飲酒。

吃蟹外二章

蟹是水族中微小的旁支，而自古以來卻與鱸魚同為江南入秋後的佐膳聖品，宋人蘇軾最嗜蟹，作詩：「半殼含黃宜點酒，兩螯斫雪勸加餐。」詠蟹。前些日子，友人郭振昌君專備其故鄉鹿港海蟹多支佐酒，席上有曾永義先生、周安托先生，數人共聚一堂，笑啖肥蟹，其味甚美，甚樂融融，古人以蟹會友，當如是乎。

蟹是橫行甲蟲，唐人皮日休，詠蟹詩最傳神。其詩曰：「未游滄海早知名，有骨還從肉上生，莫道無心畏雷電，海龍王處也橫行。」李時珍言：「蟹性冷、無毒，鮮蟹和以薑醋，侑以醇酒，咀黃持螯，風味甚美。」都是知心之論。

明代畫家徐渭也非常喜歡蟹，他不僅有詩詠蟹，也以蟹入畫，水墨淋漓，栩栩如生。他的詠蟹詩如下：「鮿生用字換霜螯，待詔將書易雪糕，並是老饕營口腹，省教半李奪螬蠐，百年生死鸕鷀杓，一殼黝黃玳瑁膏，不有相知能餉此，止持饕脯下村醪。」

畫蟹並不自徐渭始，我們找到的文字資料，宋文同已取蟹入畫，文同是蘇軾的表哥，兩人因為嗜蟹而用之入詩、入畫，是可想而知的。文同畫蟹詩曰：「蟹性最難圖，生意在螯跪，伊人得其妙，郭索不能已。」（蟹橫行多足，古人謂之郭索）明代錢宰也有畫蟹詩：「江上蓴鱸不用思，秋風吹破綠荷衣，何妨夜壓黃花酒，笑擘霜螯紫蟹肥。」

入秋了，你可想到嚐嚐蟹黃的美味？

雨

今年雨極少，即使入秋，也熱得人難過，那天突然下了一陣颱風雨，熱氣頓然為之一消，實在暢快。對種田人家和缺水市民而言，這一陣雨，真叫「及時雨」，但是也有不便的地方，由於是黃昏後的雨，苦了一群逛街，在外沒帶傘的人，大街上、騎樓邊，站立許多觀雨的民眾，賞雨，也是詩情畫意的事，只見大雷雨傾盆而下，街道如籠上一層濃霧，唏哩嘩啦，熱鬧非常，也涼快許多。雨一陣緊一陣的下，足足有一個鐘頭，書店的書該看的，該找的，都看過了，找過了，該買的也買了。這時就希望雨趕快停，或下小一點，可惜天雨依然，不見收勢。

沒有心情賞雨的我，和一群沒帶傘的人一樣一籌莫展，突然眼前一亮，迎面來了一個大腹便便的年輕女人，手裏撐著一把傘，好極了，我快步過去，毛遂自薦地請問她，可否撐我一段，讓我找個計程車？她很痛快地回答，可以，可是恐怕計程車不好找，因此她才打算走路回家，一探之下，正好同路，於是我們就在雨中共行。

這只是一件芝麻小事，回到家，卻使我耿耿於懷。於今，在這個倡言「守望相助」已不可能的工業社會，平白地接受別人的一番好意，實在是很難得的事。而我們卻像一對好朋友一樣，共傘同行一段不短的路，彼此互道身分，很愉快地說再見。我想這也是一段緣份，對於這個可愛的女人，至少她跟我一般地坦誠和開朗，以及她那腹中的小兒女，我都獻上一份祝福，雨中的情趣，在雨過天晴後，更加明晰，因此為之記一段留念。

秋

秋是詩人的，秋也是落寞的，令人感傷的。在秋的季節裏，有中秋，令人起意「千里共嬋娟」，有重陽，使人「每到佳節倍思親。」而王維的「九月九日見山東兄弟」，留下「遍插茱萸少一人」的千古慨歎。小園裏的萬年青，有黃色的落葉，我怕見它，趕緊幫它掉下來，拋入字紙簍裏。實在奇怪，秋天的黃，看了令人心悸，真個是一葉知秋嗎？

秋是收成的季節，由於住在大都市，見不到田中稻禾結實纍纍，金波鼓浪。秋在大城市裏，是新學期的開始，多少莘莘學子，經過一陣熱戰，贏得勝利，更上層樓，邁向更上層樓的學府。而忝為人師的我，也帶著迎新的赤誠迎接不同的學生。秋是新學年的新開始。

秋是文藝季的開始，許多藝文活動在秋天裏，更加蓬勃開展。屬於現代的、傳統的、東方的、西方的、學院的、地方的，各式各樣的戲曲音樂、民間技藝，都在人們的期待下，一一展開，為秋抹上更深一層，濃濃的文化色彩。屬於現代的人們，我們要關心我們的社會，那是傳統與創新兼容並蓄，健康成長的社會。

秋屬於登山的季節，重九登高，是古來傳存的一個好節日，今天的人們，對於重陽節已不甚重視，然而，每年的今天，莊老師（慕陵先生）在世時，一定要我們到他家去吃飯，一起爬故宮前面的小山，鄭谷漂泊詩曰：「黃花催促重陽酒，何處登高望京城。」老師，是否有懷念故鄉的意思呢？在登高野宴之後，必是詩酒滿篇，詩曰：「登山腳力猶健，白髮頭上無多，雙溪林下袖手，大千任我婆娑。」睹物思人，幾次重陽幾次歡會，而今空留回憶而已。

暮春三章

一、雨

春天的雨洗得人一片新綠，站在石牆四處的臺北街頭，感受不出來春雨的心喜，然而住過鄉村的我，聽雨聲在傘上、在簷下，淅瀝嘩啦地響，也能了解到雨入春苗的喜悅。今天報上不是大大的登出：「春霖除旱，高屏一帶農民心喜欲狂，今年的豐收又可期。」雖然是站在水泥地上，烏雲密佈的街頭，突然有在雨中旋轉的念頭，想歸想，車聲燈影，逼得你打起精神，小心翼翼地在馬路上穿梭。車聲人語，燈光屋影在雨中交織成一片迷濛。

雨給你的幸福感，一年四季，莫如今天。暮春的雨正是及時雨，封閉了一整個寒冬的人們需要它，雨下了，人心整個舒敞開來，塵埃滌盡，一切又顯得亂有精神的。

回到家裡，雖然沒有田園菜圃，卻也有盆花幾株，整個寒冬躲藏在土裡的芋球，突然一顆顆冒出尖尖的頭來，這裡一顆，那裏一顆，亂引人心喜的。萬年青也毫不遜色地，老幹吐新芽，看著那嫩嫩的芽芭，實在可愛。雨洗刷著他們葉上的塵土，滋潤著他們乾燥的土壤，海棠吐艷，一朵朵粉紅，亂嬌媚地與並蒂花爭妍，鐵線蕨也毫不寂寞地吐露出一根根翠綠，那嫩綠欲滴的嫩黃與翠綠，誘得人不得不愛。我賞玩著它們葉上的水滴，一陣涼意，彷彿雨在輕輕敍述，春天已經來了，我們正受滋潤。唐代詩人陳子昂有一首感遇，起首二句描寫當令的蘭草，一片鬱鬱青青，我在春雨中的洋臺下，享受這芊蔚青青的生意。

二、樹

由於雨，我聯想到樹，一年四季，樹木如果沒有雨的潤澤，是無法長得蒼鬱高大的；很久沒有去澄清湖畔走走，記得許多年前帶日本友人閒逛湖畔，結果湖畔綠樹枯而多塵土，柳條乾澀，走著走著我湧起一陣感傷，美麗的湖如果缺乏美麗的樹木烘托，實在令人大為遺憾，那一陣難受，至今都無法釋懷。

那一年盛夏，我到了日本。盛夏的日本是醜而悶熱的。可是，我卻享受了盛情的款待，而留下美好的回憶。日本人的安靜和愛乾淨，使溽暑中的我，擁有了恬美安謐的時光。我遊了許多博物館、美術館、圖書館、寺院、名園，而給我印象最深的是淨和靜，一切恬然有序，乾淨無比。

六月八日是日本京都平安神宮免費開放供遊客遊園的日子。那一天我們也去遊園，到了平安神宮附近的藝術館，遊人三五成群地朝平安神宮走去，婦女、小孩絡繹不絕，每個人都裝扮得非常整齊，毫不擁擠也毫不喧嘩地穿插在林木交錯的園林中，平安神宮的御花園，佔地不大，卻層次井然，有池塘、有假山、有溪澗、有短橋，池塘的葛蒲吐出雪白、深紫的花朵，宛如蝴蝶在萬叢綠葉中交相輝映，經過精心設計的林木，是那樣清新潤澤，給人舒爽高敞的感覺，步上石澗，林木低垂與額眉齊，穿梭之中，有如入深林之感，走上漆紅的小橋，底下錦鯉飛躍，紅的、白的、黑的、綠的，五光十色，煞是好看，整個寺院是靜悄悄的，我看到池畔上一個老翁正拿著長竿在池中撿落葉，他的動作也是寂靜無聲的，我靜靜地省視這一切，而心裡卻想起我們的澄清湖畔；花木極需要人的照顧，庭園之美，才能夠享受得到。

三、劇

對於舞蹈和戲劇我是外行，卻充滿興趣，這幾天看了三個地方的舞蹈表演，兩個外國的，一個國內的，使我很想講幾句話。戲是要引人共鳴的，即使是專家也會如是想。最使我覺得有味的是錫蘭（斯里蘭卡）舞蹈團的演出，成員少，演出豐富而且生動。他們保留了傳統也帶出了創新的風貌，表演華斯·蘭提模舞的裴斯·密布里本，不愧為一代舞者，動作細膩、纖柔，即使不了解當地風土的我，也很快能領悟舞者舉手投足間的美妙與情感，他的傳統舞蹈除此之外，還有一齣是芭蘭奇·可倫模舞，表演民俗傳統中的面具舞蹈，細膩、多情而且詼諧，另外一齣孔雀舞雖然是創新之作，也保有十足的當地風味，一點也沒有西方現代舞的痕跡，以一個接受西方教育的人能如此了解傳統、保護傳統，實在令人佩服；而完全吸收西方的是當地缺少的默劇，他的表現更是令人可圈可點。他融匯了錫蘭印度現代創作與古典作品的音樂舞蹈為一爐，而絲毫不使人覺得生硬或格格不入，這是個昇華傳統與民俗音樂舞蹈為藝術高峰的成功者。其中鼓的演出佔很重要的比重，直接以手指頭來奏鼓，這可能是他們鼓樂中的奇葩。舞蹈和戲劇是最能撼人的表演藝術，如何能吸收民俗中的傳統音樂而配之以深刻動人的舞姿，使它的藝術性達到純粹而不冗雜的境界，是今後我們藝術工作者的最大課題吧！

生活偶拾

小園樂趣

星期日百無聊賴，獨自一人到建國南北路高架橋下花市逛逛。筆直的曠地上擺滿一攤攤別緻的貨品，許多的盆景，新奇日用品、賣畫、賣書、賣古錢翠玉、賣孔雀羽毛的陳列兩旁，五花八門，煞是好看，尤其在花市的小販，異於一般夜市或菜場的，他們靜靜地坐在攤邊，或聊天，或整理貨品，不喧嘩，不吵鬧，一片清幽，使遊客可以隨心駐足觀賞，真格享受到賞心悅目，暢步抒懷的愉悅。這一次的小逛，買了幾個花盆，三樣盆景，為小園增添了新嬌客。

小園就是小閣樓後邊的Z字形陽臺，每當夏季午後或是月色皎潔的黃昏，清風徐來，抬頭是藍天一片，滿天星斗，俯視則盆花細草，搖曳翩翩。坐在窗檻上，足抵臺基，或是一椅當空坐，也是別有情趣，尤其是寂靜的夜裏，四圍周邊的響動皆停止了，一個人坐在月色下，靜靜地什麼也不想，只任晚風吹拂，明月當空，也是令人喜愛的。

小園的盆景，除了新添的嬌客外，大都與我共同生活了將近十年，白點斑斑的芋葉，長成沙字形，自然彎曲的態勢是受到颱風肆虐後的再生，也曾經萎縮、醜陋過，而今莖葉扶疏，欣欣向榮。多刺的並蒂花，一向孤芳自賞，經年累月的花開花落，有時撿擷一枝，插到瓶子裏，與萬年青的深綠相輝映，小小的紅花輕吐於叢綠之中，的確好看。它與開白花吐紅蕊的不知名小灌木，同年同月同日生，是從士林一位學生家裏移過來的，如今已過十個寒暑。

細細的新娘草，長得像一片雲，嫩綠枝葉嫋嫋而升，帶給人似夢似幻的遐思；長得最猖獗的是曇花，它高而挺拔，可惜因為缺土，粥少僧多，結蕾的花苞，總是只剩下零落的兩三朵，午夜，看曇花吐信，輕悄悄開放，亦是人生一樂，如果能一開十幾朵，想必更加熱鬧了。長得莖葉茂盛的萬年青，也是使房間綠意盎然的最好供品，斜插三兩枝，更是閒來無事的最佳消遣；與萬年青生命力一樣強的大葉芋，只要有水，空氣流通，大葉芋的蔓生會令你招架不住，因而，一個月多多少少也要修剪整理個兩三次。

夏天最佳的消暑劑是向四方開展的玉齒，一盆翠綠的玉齒，像一首無盡的詩，紅點斑斑的變葉芋是小叔最心愛的觀賞葉植物，與秋海棠相伴而生。另外，還有一對幸運樹，在小園中，綠影婆娑，替暑熱添上一劑清涼。小園中的花花草草，是生活中的一段插曲。

市場

結了婚的女人，如果凡事必躬親自理，上市場是免不了的必修課。市場與主婦的關係是相當密切的。從我家到市場，左右有兩個大市場，出門往左，沿西寧南路走到內江街，就是大大有名的西門町，紅樓底下的西門市場，它的特色是攤販整齊，菜蔬新鮮，食貨物品都在架上，雖然是一個歷史悠久的老市場，然而市場內依然顯得有條不紊，只是魚販、菜販的洗菜、洗魚水，使得過道十分之八九都是淤濕的。如果是黃昏時分，垃圾推積如山，千萬不能闖關。出門往右，沿桂林路直走到昆明街郵局，左轉至廣州街，橫過馬路，就是有名的三水市場，也叫龍山市場，龍山市場是一條長形弄道，直貫三條大馬路，被康定路切割為二，巷弄頂上是透明的壓克力，光線充足，兩旁有許多小型舶來品店，果菜、魚、肉攤，聚地而營，除了水果菜蔬之外，有許多臨時的流動販，賣日用、衣物、皮鞋、小孩文具、家庭用品等等，因而主婦們到這兒來，不只純買菜，也兼有逛街的閒情，看看裝飾品可中意，翡翠新玉是否亮麗，只要主婦眼光不賴，買到便宜又好的貨品，是大大有可能的。萬華是個臥龍藏虎的地方，然而，比起十年前，龍山市場是大大地進步了，它由嘈雜無秩序，進而百貨齊全，攤販親切，走道清潔，難怪一大早，菜場上就是人山人海，其間過客，並不亞於有名的城中市場。

上市場是件有趣的事情，只要花上一個鐘頭的時間，你就可以了然今日果菜的行情，以及日用物品的新鮮花樣，你能說，划不來嗎？

動物園

媽媽與小弟帶著小甥子北上，目的地是動物園，上動物園是十多年前的事，那時朋友帶著我，為園裏的動物駐足寫生。十多年後再上動物園，不同了，空氣清新，不雜腐臭，動物也較從前肥胖可愛，柵欄內也乾淨了，在山羊欄內，遊客可以縱橫來去與山羊為伍，縮短人與動物間的隔閡，對小朋友而言，也是一件好事，當然動物園和野生動物園是不同的，動物園人在自由活動，動物在柵欄內被觀賞，野生動物園則是人在汽車內，動物在草原上自由縱橫。遊野生動物園如果一步不小心，離開汽車，可能有喪命之虞，遊動物園雖然也有不小心的時候，生命總是安全的多。據說木柵山區的國家公園開闢完成以後，這一古老的圓山動物園就要被淘汰了，對整個社會進化而言是可喜的，對能重返自然，被柵欄圍困幾十年的野獸而言，是有福了。

動物園的奇珍異獸增加了，像黑白天鵝、獏、海狗、河馬、白孔雀、雲豹、山豹、黑豹、大黑態都是動物園中的嬌客，即使是老虎和獅子也比從前健美乾淨得多，至於孔雀也是繁殖得很快，一片生機。而唯一不變的是園裏的大象，一樣的象窩，一樣的嚼稻草，永遠是兩隻相偎依，只是皮色斑剝，令人感覺歲月滄桑，兩隻大象蒼老許多。

十年來，很顯然地飛禽與爬蟲類，有減無增，也許是氣候的關係，企鵝也不見了。繞園一周，每人都有意猶未盡之感，想必野生動物園是有開發的必要，人與動物都希冀回歸於自然，重新締結彼此之間的關係呢！

園外，車水馬龍，這是臺北嶄新的一天。

牡丹富貴

牡丹在臺灣依然是稀有品種，人們很難看到它——真花，但是牡丹對於中國人並不陌生，花鳥畫中唯一可以獨樹一幟、靠花維生的只有牡丹，已故高逸鴻先生就是靠牡丹馳名於世的畫牡丹專家。為何中國人普遍的喜愛牡丹，是因為它的艷麗，是因為它的堂皇，還是因為它的花團錦簇？我想主要是因為它是富貴的象徵吧！

牡丹是一種落葉灌木，毛茛科，芍藥屬。葉為羽狀複葉，花形大而美。為觀賞用植物，根藥用，花瓣可供食用，產於中國。有鼠姑，鹿韭，百兩金，木芍藥，花王之稱。根據事物紀源的記載，牡丹在隋煬帝時，才傳入我國，到了唐代朝廷和民間競相種植，有的傳說，武則天時，冬月遊後花園，群花皆開，獨有牡丹遲，因此貶牡丹於洛陽。所以牡丹花以洛陽為冠首。

此外，劉公嘉話引劉禹錫語，以為北齊楊子華已種植牡丹。酉陽雜俎，續博物志皆引謝靈運語竹閒水除多牡丹，以為牡丹在六朝已見。酉陽雜俎又言唐朝有白牡丹、紅紫牡丹，並引隋朝海山記言，牡丹品類眾多。唐國史補記載牡丹在唐朝的盛況，言：「

京城貴游、尚牡丹，每暮春，車馬若狂，種以求利，一本有值數萬者。」宋歐陽修有洛陽牡丹記，分花品序第一，花釋名第二，風俗記第三，牡丹記跋尾，記載牡丹花的種類，種植法，言之甚詳。

牡丹花是在盛唐天下太平，民間富裕時盛極一時的時花，它在唐代一躍而為天下寵花，這個習俗沿至今天，依然為民間所愛惜。本草綱目言：「群花品中，以牡丹為第一，芍藥第二，故世以牡丹為花王，芍藥為花相；花品數種，或以地名，或以人名，或以色名，或以異名。」

歐陽修有「天下真花獨牡丹而已」的話，周茂戚也有「牡丹花之富貴者也」的言語，實際上，牡丹花，花容豐麗、壯美、有氣品，做為富貴、花王、真花的象徵，是當之無愧的。

牡丹在花鳥畫中，一直是受人喜愛的題材，世人都喜歡富貴，因此牡丹就成為民間所愛，畫家常畫的花卉了。前蜀滕昌祐有牡丹軸，南唐徐熙有玉堂富貴圖，將牡丹富麗堂皇的花王氣慨，描寫得淋漓盡致，此二圖現今收藏於故宮博物院。牡丹是富貴花，因此也作為民間吉祥的圖飾，比方將玉蘭、海棠、牡丹、桂花組合起來，做為飾物，就叫玉堂富貴，是年節飾物，也可作為歲末贈品。

文人歌詠牡丹，見於三才圖會的記載，有舒元輿的牡丹賦，丘璿的牡丹榮辱志。此外，竇梁賓，雨中看牡丹詩有：「東風未收曉泥乾，紅藥花開不耐寒。」

白居易惜牡丹花詩有：「惆悵階前紅牡丹，晚來唯有兩枝殘。」寫牡丹最詳備的要算歐陽修的洛陽牡丹圖了。今錄之於后，以為本文作結。

「洛陽地脈花最宜，牡丹尤為天下奇。我昔所記數十種，於今十年半忘之。開圖若見故人面，其間數種昔未窺。客言近歲花特異，往往變出呈新枝。洛人驚誇立名字，買種不復論家貲。比新較舊難優劣，爭先擅價各一時。

當時絕品可數者，魏紅窈窕姚黃妃。壽安細葉開尚少，朱砂玉版人未知。傳聞千葉昔未有，只從左紫名初馳。四十年間花百變，最後最好潛溪緋。今花雖新我未識，未信與舊誰妍媸。當時所見已云絕，豈有更好此可疑。古稱天下無正色，但恐世好隨時移。鞓紅鶴翎豈不美，斂色如避新來姬。何況遠說蘇與賀，有類異世誇嬙施。造化無情宜一概，偏此著意何其私。又疑人心愈巧偽，天欲鬥巧窮精微，不然元化朴散久，豈特近歲尤澆漓。爭新鬥麗若不已，更後百載知何為。但應新花日愈好，惟有我老年年衰。」

繪畫——民族的縮影

藝術可以美化人生，中國繪畫是一種優美的藝術。這是將藝術當作純欣賞而言的話。事實上，縱觀歷代中國繪畫，我們彷彿親炙中華民族的血脈，了然文化的成長、蛻變與新生。

先秦思想留存給後人的二大泉源一是儒家，一是道家。儒家重視的是「人」道，道家重視的是「天」道，一個看重人的世界、社會的秩序，一個講求自然，要人返璞歸真。一個是入世的，一個是出世的；這是大家都瞭解的。這二大思潮，隨著時勢的需要遞變、消長，影響著中國人也促成了中華文化。儒道有其不同，然而也有它們共通的特色，那就是尊重自然。莊子講天地與我並生，萬物與我為一，老子講人法道、道法天、天法自然。孔子講：天何言哉、天何言哉、四時成焉、萬物生焉、天何言哉。中國人崇拜自然，以山川日月星辰為祀，這是漢唐所以為漢唐的一個重要原因，南宋以後，由於理學的興起，人的世界縮小到以人為極限，發展出來的文化，雖然也有它特出的一面，但是總脫不出個人主義的色彩。思想史如是，繪畫史亦如是。

兩漢繪畫多的是歌功頌德、勸戒教化的畫像石、畫像磚，即使是已出土的馬王堆帛畫，也在描寫主人生前的行誼，雖然也描寫天堂與地獄的神話傳説，但是描寫人的世界與其他漢代壁畫是一樣的。漢代獨尊儒術，儒家看重人的世界，留傳給我們的漢代壁畫，也是當時貴胄日常生活的寫實資料。而人物畫的成熟品，現存最好的資料是東晉顧愷之的女史箴圖，人物造型自然而優雅。到了唐代，由於文化背景的不同，唐代吸收大量的胡人文化，唐代仕女服飾、髮型都與漢魏天朝大相逕庭，而唐女的肥腴更表現出漢唐相異其趣的審美觀。

以人物畫為主的漢唐壁畫，描述的生活面絕不出於貴族層面，這和宋代以市井小民的生活情趣為主題的一些宋畫是不同的。也見出中國古代文化與中古文化相異之處。宋代文化可以說是元、明、清文化的先聲，也是漢唐文化的總結，發源於漢魏的人物畫，宋畫有之。興起於魏晉的山水畫，宋畫更趨成熟，而由於自然山水思想的興起，成熟於唐五代的花鳥、畜獸畫，在宋元也是畫家繪畫中上好的題材。

宋畫表現的題材種類是增多了，然而繪畫的場面卻縮小了。像漢唐壁畫的那種大場面是沒有了，代之而起的是日常生活的小品、情趣的吟頌，即使是山水畫，成熟於北宋的大塊文章，到了南宋也消失了，後人雖有仿作，總失之於寫實與自然。雄渾的氣勢消失了，漢唐的威風，到了宋代是沒有了。與宋詩一樣，宋畫描述的是生斗小民的生活情趣以及畫家個人的性情胸懷。而千年以來的民族文化，也就脫不出這個規格了。

繪畫是民族的縮影，近百年來，由於西方文化的衝擊，中國繪畫亦有其更新的面目。由藝術史料我們知道中華文化原是博大而精深的，人的世界是無限廣大與天地自然合一的，但並不失於迂闊，因為中華文化的重心依然在人，一個自自然然、活活潑潑的生命。天地人三才，人是在其中的。

漢唐壁畫描寫的是貴族的生活，人的世界，宋畫描述的也是庶人的生活，個人的世界——物質的或精神的境界，無論描述的物象是什麼——無生命的山水花木竹石、有生命的鳥獸人物，都強調盎然的生命力，易經所言天行健，君子以自強不息的鮮活生命力，以繪畫而言，中華民族不是個老大的民族，它的強韌生命力下，充滿活潑新鮮的生機。這是民族的特色，也是它寬容、博大、具有強固吸收力的緣因，因為它不是殘害的，而是和平的，對於相異的文化，它是兼容並蓄的。一如儒道的不同，然而卻永遠並行而不背一般，正如劉歆七略所言，殊塗而同歸，異渠而同源，這種並生不悖的思想，正是文化的生源，藝術的生機，中華民族的特質。

貓

後門不知何時有貓，是一身金黃色的花土貓，平常只要有一聲妙咪，我就猛找魚刺、魚骨，直往紗門外扔。

今天往紗門外傾垃圾，才一低頭，一雙亮晶晶的大眼睛直瞪著我。返身，把盤中吃剩的魚骨頭拿著，一仍，卻扔到水溝裏。一個影子竄去，又另一個影子快速竄出，搶走魚骨頭。有兩隻貓。

再回身，抓了些殘餘的魚屑，紗門一開，又是一對大眼睛，我一愣，腳下有兩隻爭食的貓，眼前，有一雙大眼睛的貓，卻沉靜、紋風不動地直望著我，似乎對那魚骨頭毫無興趣，卻渴望著我手中的殘屑。三隻一色的貓。

我把碎魚屑丟去，大眼睛的貓低頭食啐。突然一條黑影竄去，牠挪開了；用固執的眼神，望向我，卻任那隻饞貓搶食。這引動我的興趣，我再回身拿碎魚頭，牠剛吃一口，另一個影子又竄過來，牠又挪開，去找食原先被丟棄的殘屑。我不停地丟下魚骨、魚屑，牠果真再三地讓在一旁，任兩隻饞貓搶食，用一對大眼睛冷靜地望著我。

終於兩隻饞貓飽了，牠才走近那些殘食中舔來舔去，找尋食物。我丟下一塊胖胖的魚肉，然後輕輕掩上紗門，現在我知道牠是誰。

牠就是幾個月前，被鄰居們爭相唾罵的母貓，叨著兩隻小貓，東竄西竄，到處偷食，侵略廚房的母貓。